과학영재들을 위한

창의적 탐구활동 프로그램(Ⅱ)

강성주 | 김현주 | 이길재 공저

북스힐

Volume Two

머리말

미국은 2004년 '미국을 혁신하라!'라는 보고서에서 창의성 교육을 크게 강조하였다. 창의성 신장을 교육 목표로 하여 초등학교 때부터 수준별 수업을 진행하고, 창의적이고 뛰어난 재능을 가진 인재의 활용을 극대화 하는 방안을 제시하였다. 일본은 2007년 'Innovation 2025'에서 '과학기술 혁신을 뒷받침하는 수리・자연계열 인재의 육성'을 발표하였다. 수리・자연과학에 대한 흥미와 관심이 높은 학생에게 고도로 선진화된 수리・자연과학을 학습할 기회를 제공하여, 창조적・실천적 기술자 육성을 추진하여 혁신을 기대하고 있다.

우리나라는 2009년 교육과학기술부에서 발표한 '창의와 배려의 조화를 통한 인재 육성 기본 방안'에서 미래의 성장 동력은 새로운 것을 생각하고 만들어 내는 '창조적 인적 자본'에 있으며, 국가의 경쟁력은 결국 창의적 인재가 경쟁력이므로, 교육을 통한 창의성과 인성을 겸비한 '훌륭한 전문인' 육성을 강조하고 있다.

이제 창의성 교육은 특수 학생만이 아니라 모든 학생을 대상으로 하는 창의성 교육체제로 전환하고 있으므로, 창의적 체험 활동뿐만 아니라 교과 활동을 통하여 창의성 신장 교육을 실시해야 한다. 이와 같은 시대적 흐름에 부응하여 교과 활동과 창의적 체험 활동에 적절한 중학교와 고등학교용 과학 탐구 활동 자료를 묶어서 책으로 출간하고자 한다.

이 책은 한국연구재단의 핵심연구과제인 '과학자의 연구 형태와 사고과정의 가시화를 반영한 새로운 과학 영재 교수-학습 자료 개발'의 연구 결과물을 바탕으로, 창의적인 과학자들의 사고과정을 기본으로 하여 과학에 관심 있는 학생들과 교사들이 학교 현장에서 교과 활동과 창의적 체험 활동에 사용할 수 있도록 하였다. 총 2권으로 구성하였으며 I권은 문제해결형 활동과 모델제시형 활동이, II권에서는 아이디어산출형 활동과 유사세런디퍼티형 활동이 포함되어 있다. 각 권에는 중학교와 고등학교에서 사용할 수 있는 물리, 화학, 생물에 대한 내용을 실었다.

2011년 1월

한국교원대학교 화학교육과

강 성 주

Volume Two

차 례

Chapter 3 유사세런디피티형 모듈

Chapter 1

과학자의 연구과정을 가시화한 프로그램

01 프로그램 개발

과학자들이 어떻게 사고하고 연구하는지에 대하여 아는 것이 과학교육에서 매우 중요하게 인식되고 있고, 과학교육에서 가장 효과적인 교수 학습 전략은 과학자의 연구과정을 학습상황에서 직접 경험할 수 있도록 하는 것이라는 점을 학습프로그램 개발에 반영하였다. 그 결과, 대부분의 과학자들이 관찰된 관심있는 어떤 현상을 과학적으로 설명하기 위하여 거치게 되는 일련의 연구과정에서 보이는 일정한 패턴이 확인되었고, 과학자의 연구형태는 문제해결형(problem-solving), 모델제시형(modeling), 아이디어산출형(idea-creative), 유사세런디퍼티형(pseudo-serendipity)의 네 가지로 구분됨을 발견하였다.

이상에서의 과학자의 연구형태와 그 과정에서의 사고를 학생들이 쉽게 체득하고 내면화할 수 있도록 하기 위한 방법으로 인지적 도제(cognitive apprenticeship)를 적용하였다. 인지적 도제는 사고의 과정이 가시화되도록 하는 학습모델로, modeling, scaffolding, coaching의 3단계로 구성되어 있다. Modeling 과정은 전문가가 견습생에게 모든 과정의 시범을 보이는 것이다. 전문가는 사고 과정이 가시적으로 표현되도록 노력하며, 때로는 견습생에게 각 과정에서 무엇을 수행하여야 하는지를 분명하게 지도한다. Scaffolding은 견습생이 과제의 비계를 구축하는 데 도움을 주는 것을 의미하며, Coaching 과정은 견습생에게 작업의 선택 힌트나 토대 제공, 활동의 평가나 문제의 진단 등 다양한 영역에 걸쳐 조언한다. 이러한 인지적 도제의 과정에 있어서 마지막 과정에서는 전문가의 교수적도움 없이 견습생이 스스로 학습을 진행하는 Fading 과정이 적용되며 제시된 연구문제나 주제에 따라 학습자 스스로 전문가의 사고과정을 경험하게 된다.

본 모듈의 개발에서는 네 가지 타입의 과학자의 연구형태에 따른 단계를 세부적으로 제시하여 과학자의 연구과정을 가시화하였다. 또한, 연구과정에 내재된 사고과정을 가시화할 수 있도록 인지적 도제를 사용하여 시범보이기(modeling), 교수적도움(scaffolding & coaching), 도움중지(fading)의 세 단계로 학습이 진행되도록 프로그램을 개발하였다. 학습내용면에서는 물리, 화학, 생물의 영역을 고르게 포함하도록 하였고, 학습의 세부적인 내용을 중심으로 학생들의 학습 단계를 고려하여 중학생용과 고등학생용으로 구분하였다. 그러나 내용수준이 고정된 것은 아니며, 적용대상의 수준에 따라 중학생용과 고등학생용을 구분하지 않고 사용이 가능하다. 이 프로그램에서 적용한 과학자의 연구형태와 인지적 도제,

학습의 내용영역은 그림 1에 나타내었고, 과학자의 연구형태에 따른 연구 단계의 세부내용과 모듈의 구성은 다음과 같다.

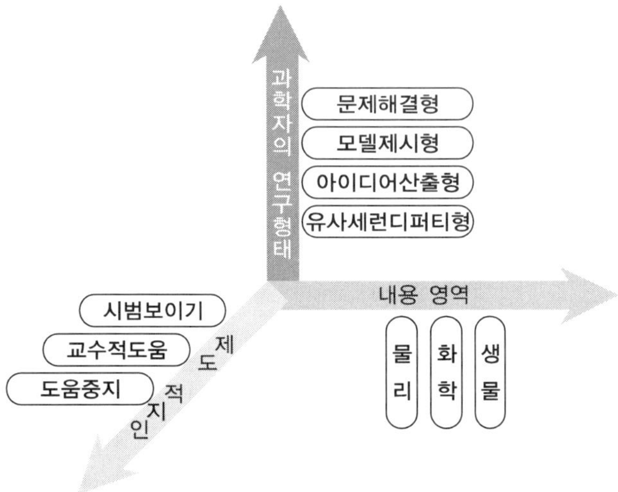

그림 1. 프로그램의 구성

1.1 문제해결형 (problem–solving)

실제로 과학자들은 관심있는 어떤 현상을 과학적으로 설명하는 등의 연구과정에서 대부분 여러 가지 문제상황에 직면하게 된다. 문제상황은 연구과정 전반에 걸쳐 어디서든 발생할 수 있으며, 이러한 문제의 발견 및 해결과정은 연구 전반에 걸쳐 여러 번 반복된다. 연구과정에서 과학자들은 당면한 문제들을 계속 해결하여 최종적으로 처음 제시된 현상에 대해 과학적인 설명이나 결론에 도달하게 되는데, 이러한 과학자의 연구형태를 문제해결형이라고 한다.

문제해결형 모듈은 과학자의 연구에서 직면하게 되는 다양한 문제상황들을 해결해가는 연구과정을 학습의 상황에서 직접 경험하도록 구성하였다. 이 과정에서 발생되는 문제상황의 발견이나 문제해결과정은 명시적으로 제시되어 있지 않고, 학생들이 스스로 찾아가도록 구성하였다. 따라서 모듈에 제시된 활동이나 과정들은 학습주제에 따른 예시활동으로, 제시된 과정을 그대로 따를 필요는 없으며, 학습의 상황에 맞도록 적절하게 조절이 가능하다. 과학자의 연구과정에 따른 최신 연구주제를 그대로 학습상황에 적용하기에는 적용의 여건상 문제가 많기 때문에, 각 모듈의 학습주제는 학습자의 수준에 맞도록 내용을 선정하였다.

문제해결형의 연구과정은 그림 2에 나타나있다.

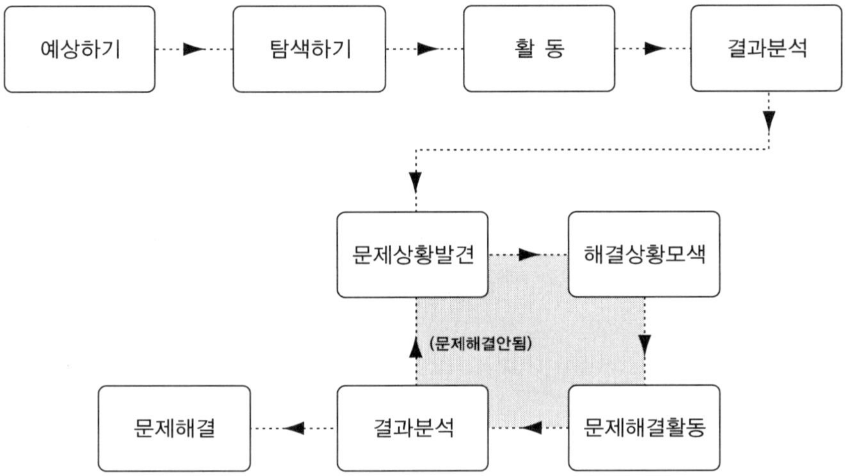

그림 2. 문제해결형의 연구과정

문제해결형 모듈에서 가시화된 과학자의 연구과정 중 첫 번째 단계는 '예상하기'로 이 단계에서는 관심을 유발할 수 있는 현상을 제시하여 그 결과를 예상해보게 한다. '탐색하기'의 단계에서는 예상하기 단계에서 제시된 현상을 과학적으로 설명할 수 있는 방법에 대한 탐색을 하게 한다. 그 다음으로 '활동' 단계에서는 탐색하기 단계에서 고안한 연구 방법을 토대로 실험 활동이나 결과 정리 등의 연구 활동이 이루어지게 되고, 이후 '결과분석' 단계에서는 연구 결과에 대한 분석이 이루어진다. 학생들은 연구 활동 중이나 연구 결과에서 새로운 의문점이나 문제상황을 발견하게 되는데, 이 단계가 '문제상황발견'이다. 발견된 문제상황을 해결하기 위하여 '해결상황모색'의 단계에서 문제상황을 해결할 수 있는 방안을 찾아내, 문제를 해결하는 활동을 다시 진행하게 되는데 이 단계가 '문제해결활동'이다. 문제해결활동으로 얻어진 연구 결과의 분석과 해석이 '결과분석'의 단계에서 이루어지고, 이 과정에서 문제가 바로 해결되어 '문제해결'의 단계로 마무리하면서 현상을 과학적으로 설명하는 과정이 끝나게 된다. 그러나 이 과정에서 새로운 문제가 발견되는 경우, 다시 해결 방안을 찾아내는 과정을 반복적으로 진행하여 최종적으로 처음 제시된 현상에 대해 문제가 해결되어 과학적인 결론에 도달한다. 문제상황의 발견과 해결과정은 몇 번이고 반복되어 진행될 수 있으며, 주제에 따라 일부 단계가 생략되거나 추가될 수 있다. 이와 같은 단계를 적용하여 개발한 문제해결형 모듈 제목은 그림 3에 제시하였다.

인지적 도제	문제해결형 모듈	내용 영역 (적용대상)
시범보이기	주기가 일정한 흔들이 만들기	물리(중)
	콜라와 다이어트 콜라 밀도 비교	화학(중)
	계통수 그리기	생물(고)
▼		
교수적도움	공기 중의 산소량 측정	화학(중)
	메트로놈의 동기화 현상	물리(고)
	표면성장 실험	물리(고)
	광합성에 영향을 주는 식물의 색소 알아보기	생물(중)
▼		
도움중지	알카셀처의 반응 조건	화학(중)
	ABO식 혈액형의 수혈 관계를 활용한 범인 찾기	생물(고)

그림 3. 개발된 문제해결형 모듈

1.2 모델제시형 (modeling)

자연현상이 갖는 규칙성을 찾아내고, 이를 과학적으로 설명하거나 다른 자료와의 연관성을 밝히는 과정은 과학자의 연구에서 흔히 발견된다. 현상이 갖는 규칙성을 설명하기 위한 방법 중 하나가 모델을 만드는 것으로, 이와 같이 모델을 만들어 현상을 설명하는 과학자의 연구형태를 모델제시형이라고 한다.

모델제시형 모듈은 과학자의 연구에서 자연현상이 갖는 규칙성을 찾아 그 규칙성을 설명하기 위한 모델을 만드는 연구과정을 직접 경험하도록 구성되어 있다. 각 모듈의 학습주제는 학습자의 수준에 맞도록 내용을 선정하고 조직하였으며, 학습자가 주도적으로 활동할 수 있도록 질문을 구성하였다. 이 모듈로 관련 개념에 대한 이해뿐 아니라 모델의 본성에 대한 이해를 도모할 수 있다. 모델제시형의 연구과정은 그림 4에 나타나있다.

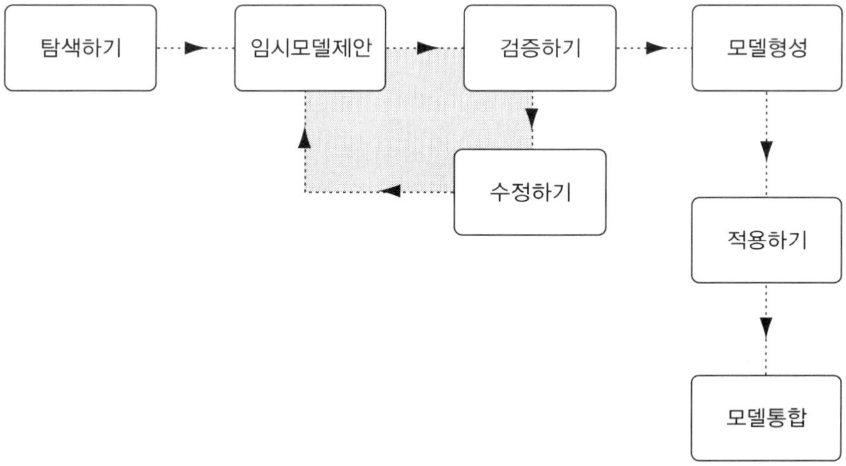

그림 4. 모델제시형의 연구과정

모델제시형 모듈에서 가시화된 과학자의 연구과정 중 첫 번째는 '탐색하기'로 이 단계에서는 관심의 대상이 되는 현상을 제시하여 연구 문제를 파악하고, 제시된 현상이 갖는 패턴에 대한 탐색을 하게 한다. 두 번째 단계인 '임시모델제안'에서는 현상이 갖는 패턴을 과학적으로 설명하기 위하여 단순한 몇 가지 규칙을 이용하여 모델을 제안하게 한다. 이후 '검증하기' 단계에서 제안된 임시모델이 현상을 얼마나 잘 설명할 수 있는지에 대하여 확인하는 과정을 거친다. 이 과정에서 임시모델로 설명이 되지 않는 현상이 발견되면 그 문제점을 찾아, 임시모델의 '수정하기' 단계로 넘어가게 된다. 처음 제안한 임시모델이 수정되면 다시 새로운 '임시모델제안'의 단계가 된다. 이어서 다시 '검증하기'를 거쳐 다시 '수정하기' 단계로 돌아가거나, 제안한 임시모델이 현상을 잘 설명하게 되면 '모델형성'의 단계에 이르게 된다. 이어서 모델이 관련 현상을 잘 설명할 수 있는지를 확인해보는 '적용하기'의 과정을 한 번 더 거쳐서 최종적으로 '모델통합'의 단계에 이르게 되어, 모델을 통해 현상을 과학적으로 설명하여 결론짓는다. 수정하기와 임시모델제안의 과정은 몇 번이고 반복되어 진행될 수 있으며, 주제에 따라 일부 단계가 생략되거나 추가될 수 있다. 이와 같은 단계를 적용하여 개발한 모델제시형 모듈 제목은 그림 5에 제시하였다.

인지적 도제	모델제시형 모듈	내용 영역 (적용대상)
시범보이기	원자 모형 높이 올라가면 부피가 작아진다! 용불용설과 자연선택	물리(고) 화학(중) 생물(중)
▼		
교수적도움	표면성장 모델 이온의 전도도 멘델 따라하기	물리(고) 화학(고) 생물(고)
▼		
도움중지	분자를 춤추게 하는 열 플라스크 속으로 들어간 풍선 상위유전	물리(중) 화학(중) 생물(고)

그림 5. 개발된 모델제시형 모듈

1.3 아이디어산출형 (idea-creative)

아이디어산출형은 과학자들이 자연의 기본 원리를 파악하고 이를 적용하여 새롭고 보다 나은 것을 얻어내고자 할 때 나타나는 과학자의 연구형태이다. 과학자는 일반적으로 알려진 과학적인 사실이나 원리들로부터 새로운 아이디어를 제안하거나, 두 가지 이상의 아이디어를 융합 또는 직관을 사용하여 새로운 아이디어를 생성하게 된다.

아이디어산출형 모듈은 과학자의 아이디어가 새로운 지식이나 산출물을 만들게 되는 연구과정을 직접 경험하도록 구성되어 있다. 각 모듈의 학습주제는 학습자의 수준에 맞도록 내용을 선정하고 조직하였으며, 학습자가 주도적으로 활동할 수 있도록 질문을 구성하였다. 이 모듈로 관련 개념에 대한 이해뿐 아니라 창의적인 아이디어 생성과정을 습득하게 된다. 아이디어산출형의 연구과정은 그림 6에 나타나있다.

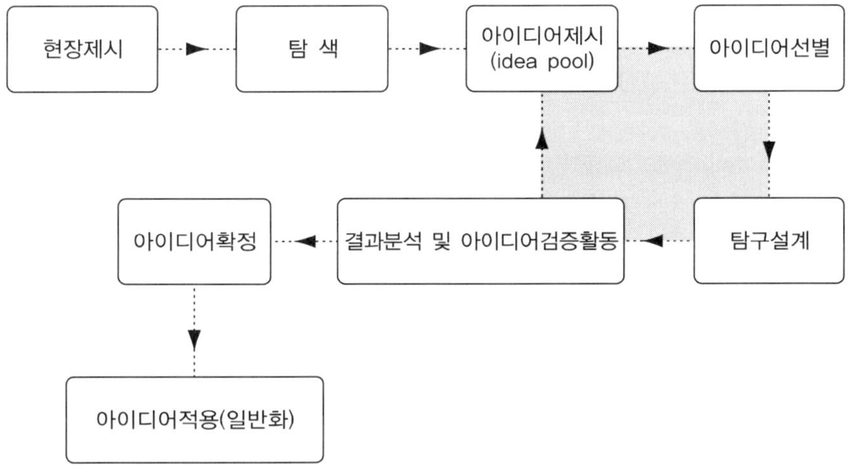

그림 6. 아이디어산출형의 연구과정

아이디어산출형 모듈에서 가시화된 과학자의 연구과정 중 첫 번째는 '현상제시' 단계로 관심있는 현상을 제시하여 연구문제를 확인하게 한다. 두 번째 '탐색'의 단계에서 제시된 현상이 갖는 과학적인 원리에 대한 탐색이 이루어지게 되고, 이후 '아이디어제시(idea pool)'의 단계에서 과학적인 원리를 이용할 수 있는 새로운 아이디어를 다양하게 제시하거나 과학적인 원리에 대한 새로운 이해를 도모할 수 있는 아이디어를 제시하게 된다. '아이디어 선별'의 단계에서는 제시된 아이디어 중 가장 적합한 아이디어를 찾아내서 '탐구설계'의 단계로 이어지게 되고, 이 단계에서는 설계한 대로 실험이나 논의의 수행까지 이루어진다. 이후 '결과분석 및 아이디어검증활동'의 단계에서 선별한 아이디어가 기존의 아이디어보다 더 발전된 형태인지, 더 나은 산출물의 생성이 이루어졌는지에 대한 검증이 이루어진다. 만약, 새로운 아이디어가 더 나은 과학지식이나 산출물을 만들지 못한 경우, 다시 '아이디어 제시'의 단계로 되돌아가서 같은 과정을 반복하게 된다. 최종적으로 제시된 아이디어가 더 나은 과학지식이나 산출물을 만들었음이 확인되면 제시된 아이디어는 '아이디어확정'의 단계를 거쳐 '아이디어적용(일반화)'의 단계에 이르게 된다. 학습주제에 따라 일부 단계가 생략되기도 하며, 이와 같은 단계를 적용하여 개발한 아이디어산출형 모듈 제목은 그림 7에 제시하였다.

인지적 도제	아이디어산출형 모듈	내용 영역 (적용대상)
시범보이기	힘과 운동 기체 분수 만들기 나의 DNA를 만나 볼까!	물리(중) 화학(중) 생물(중)
▼		
교수적도움	우리 몸에 숨겨진 원리 화학 분수 만들기 유전자, 너의 정체를 밝혀라	물리(고) 화학(고) 생물(고)
▼		
도움중지	열은 무엇인가 자연의 분수 만들기 유전자는 어디에 있을까?	물리(중) 화학(고) 생물(고)

그림 7. 개발된 아이디어산출형 모듈

1.4 유사세런디퍼티형 (pseudo-serendipity)

과학에서 발견의 과정은 사물끼리의 귀납적 또는 연역적 연관을 밝혀내는 것과 예기치 않은 우연 속에서 일어나는 것을 발견하는 것으로 크게 구분된다. 많은 과학적 발견이 우연적인 것에서 유래되었고, 그 중 과학자의 평소 노력과 과학자적인 태도가 바탕이 된 우연한 발견은 유사세런디퍼티로 구분할 수 있으며, 이러한 과학자의 연구형태를 유사세런디퍼티형이라고 한다.

유사세런디피티형 모듈은 과학자의 우연한 발견과 이러한 우연한 발견이 과학적으로 다듬어지고 새로운 가치로 형성되는 연구과정을 직접 경험하도록 구성되어 있다. 각 모듈의 학습주제는 학습자의 수준에 맞도록 내용을 선정하고 조직하였으며, 학습자가 주도적으로 활동할 수 있도록 질문을 구성하였다. 이 모듈로 관련 개념에 대한 이해뿐 아니라 자연에 대한 관심을 증대시키며 과학적인 사고의 형성을 도모하게 된다. 유사세런디피티형의 연구과정은 그림 8에 나타나있다.

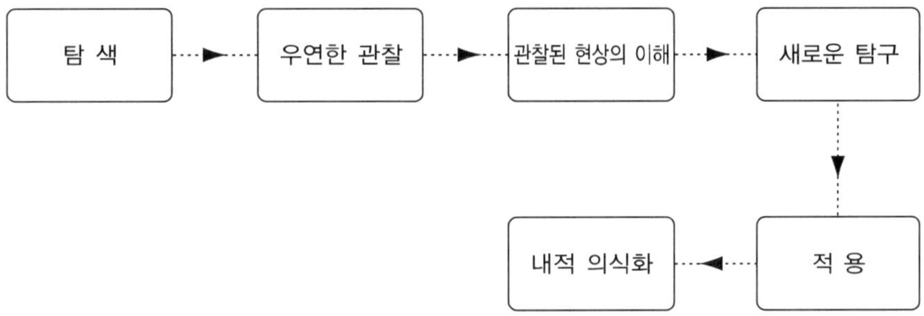

그림 8. 유사세런디피티형의 연구과정

유사세런디피티형 모듈에서 가시화된 과학자의 연구과정 중 첫 번째는 '탐색'의 단계로 주변에서 흔히 볼 수 있는 현상이나 관심있는 현상을 탐색하게 한다. 이 과정에서 주 관심의 대상이 아니었던 새로운 현상을 우연히 발견하게 되는데, 이 단계가 '우연한 관찰'이다. 우연히 관찰된 새로운 현상이 대한 이해를 도모하기 위하여 '관찰된 현상의 이해' 단계를 거치게 되고, 관찰된 현상에 대한 원리를 이해하는 과정을 통하여 우연한 관찰이 '새로운 탐구'의 시작점으로 발전을 하게 된다. 이후 새로운 탐구의 '적용'과정을 거쳐 최종적인 과학적 결론에 도달하게 된다. 마지막으로, '내적 의식화' 단계에서는 우연한 관찰이나 발견이 과학자의 평소 노력과 과학자적인 태도의 기반으로 이루어진 것임을 마음 속에 새기게 한다. 학습주제에 따라 일부 단계가 생략될 수 있으며, 이와 같은 단계를 적용하여 개발한 유사세런디피티형 모듈 제목은 그림 9에 제시하였다.

인지적 도제	유사세런디피티형 모듈	내용 영역 (적용대상)
시범보이기	전류의 자기작용 벨크로와 거울뉴런 푸른 곰팡이에서 피어난 기적의 열매	물리(중) 화학(중) 생물(고)
▼		
교수적도움	나의 네트워크 만들기 화학 나무 과학사를 통한 광합성의 이해	물리(고) 화학(중) 생물(중)
▼		
도움중지	축전기 흔적을 찾아서 온도에 따른 효소의 반응 속도	물리(고) 화학(고) 생물(중)

그림 9. 개발된 유사세런디피티형 모듈

02 개발된 모듈 이용

2.1 교사용 안내자료

과학자의 연구형태와 인지적 도제를 접목하여 물리, 화학, 생물 내용 영역에서 총 36개의 모듈을 개발하여 프로그램을 완성하였다. 각 연구형태별로 대표되는 연구 단계를 제시하였고, 각 연구 단계에 적합하도록 학습주제를 선정하고 조직하여 모듈을 개발하였다. 이 과정에서 주제의 특성에 따라 연구 단계 중 일부가 생략되거나 추가되기도 하였다. 모듈의 적용에 소요되는 시간을 고려하여 연구 단계가 제한되어 있으나, 모듈의 적용에서 상황에 맞도록 수정이 가능하다.

모듈의 1면에서는 모듈을 사용하는 교사를 위하여 교사용 안내자료를 따로 제시하였고, 안내자료는 **수업모델**, **수업개요**, **수업안내**, **학습목표**의 네 가지로 구분하여 나타내었다. 그림 10은 물리영역의 문제해결형 모듈 중 '메트로놈의 동기화'에 제시된 교사용 안내자료의 예로, 모듈밖 선으로 연결된 내용은 설명을 위하여 추가하였다.

Physics

05 메트로놈의 동기화 현상

수업모델 문제해결형 – 교수적도움

이 수업은 과학자의 연구형태 중 문제해결형으로 진행된다. 두 메트로놈 사이에서의 동기화를 관찰하기 위한 실험에서의 문제점을 발견하고, 다양한 변인들을 고려하여 그 원인을 찾아 문제를 해결하는 과정을 경험할 수 있도록 구성되었다. 이 과정을 통해 문제를 해결하는 과정이 과학자에게 있어 중요한 연구과정임을 배우게 된다.

『문제해결형의 수업과정』

현상제시* → 탐색하기 → 활동 → 결과분석 → 문제상황발견 → 해결상황모색
↑ (문제해결안됨) ↓
문제해결 ← 결과분석 ← 문제해결활동

수업모델 — 과학자의 연구 형태와 인지적 도제 제시, 진행 단계 안내

수업개요 — 전반적인 내용과 진행에 대한 간략한 소개

수업개요

1665년 2월 네덜란드의 물리학자 호이겐스는 자신이 만든 두 개의 추시계가 일정기간 동안 계속해서 똑같은 주기로 흔들리고 있는 모습을 발견하게 되었다. 이와 비슷한 현상으로 말레이시아의 깊은 원시림 속의 반딧불이 들은 교배시기가 되면 서로 깜박이는 주기가 일치하게 되어, 멀리서 바라보면 거대한 불꽃이 깜박이는 것처럼 보이는 장관을 연출하게 된다. 또한, 1970년 마사 맥클린 톡과 캐서린 스턴 박사는 '여자들끼리 방을 같이 쓰면 생리 주기가 비슷해진다'는 사실을 알아냈다. 이와 같이 진동자가 적당한 상호작용에 의해 각 진동자의 리듬, 즉 진동수나 위상이 조절되는 현상을 "동기화현상"이라고 한다. 이 수업에서는 학생들은 두 개의 메트로놈이 동기화될 수 있는 방법을 생각해 보고, 생각한 방법의 한계와 문제점을 발견하고 이를 보다 체계적으로 해결해 나가는 과정을 경험하게 될 것이다. 이를 통해 과학자들의 연구형태 및 사고과정을 이해하고, 과학자로서의 태도를 함양하는 것이 이 실험의 목적이다.

수업안내

- 수업 대상 : 고등학생 이상
- 예상 소요시간 : 3시간
- 수업 준비물 : 메트로놈 2개, 깡통 2개(페트병, 캔 등), 널빤지(하드보드지, 우드락 등), 초시계, 자, 기타 본문 참조

수업안내 — 수업대상, 예상 소요시간, 준비물 등 소개

학습목표 — 학습내용과 과학자의 연구 형태, 사고 과정 학습에 대한 목표로 구분 제시

학습목표

1. 두 메트로놈의 1분 이상의 동기화 현상을 관찰하고, 그 경향성을 찾을 수 있다.
2. 실험 중 발생하는 문제점을 해결하는 과정에서 과학자의 연구형태와 사고과정을 학습한다.

그림 10. 교사용 안내자료 예시

2.2 모듈의 형태

각 모듈은 폭이 다른 두 개의 다단의 형태이다. 다단의 넓은 폭에는 과학자의 연구과정을 학습 단계로 제시하여 각 단계에서의 적절한 질문과 예상되는 학습자의 응답을 제시하였

다. 각 단계는 학습자가 주도적으로 생각하고 활동할 수 있도록 다양한 실험자료, 읽기자료, 그림자료 등을 포함하고 있다. 다단의 좁은 폭에는 ⓢ 표시를 이용하여 모듈의 적용과정에서 교사에게 도움이 될 만한 자료, 참고문헌, 웹사이트, 실험 준비물, 주의사항 등을 상세하게 제시하였다. 그림 11은 생물영역의 모델제시형 모듈 중 '용불용설과 자연선택'의 적용하기 단계의 예이다.

교사용 참고자료

ⓢ 자연선택의 방향

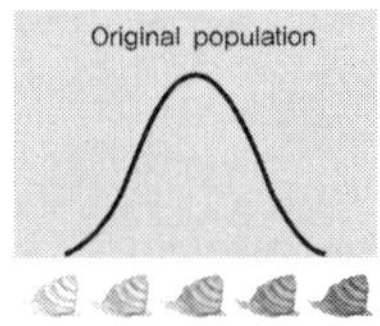

1) 안정화 선택

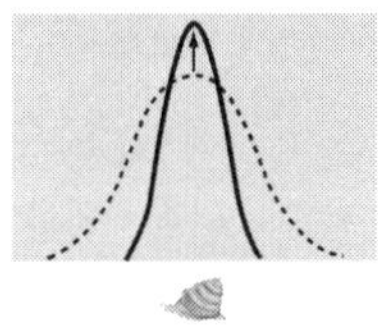

- 표현형 분포가 중간값을 갖는 개체수가 늘어나고 양 극단으로 갈수록 개체수가 적어진다.

2) 방향성 선택

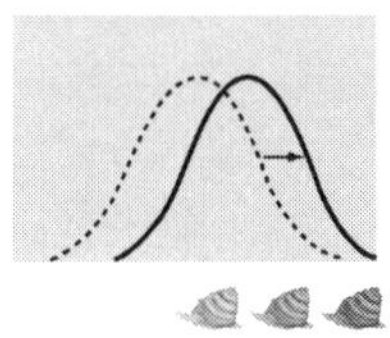

적용하기

제공되는 단계별 질문

5. 다양한 껍질색을 지닌 가상의 달팽이 집단을 살펴보자.

달팽이종		(가)	(나)	(다)	(라)	(마)	
개체수		100	100	100	100	100	
껍질색	어두운 회색	←				→	옅은 노란색

5-1. 달팽이 (다)종의 개체수가 많아지고 (가)와 (마)의 개체수가 적어질 수 있는 환경을 만들어보자.

학생들의 예상답변

- 달팽이들이 잎에 서식하여 녹색은 포식자의 눈에 띄지 않지만 어두운 회색이거나 밝은 노란색인 달팽이는 상대적으로 포식자에게 잡아 먹혔다.

5-2. 양 극단 (가)와 (마)의 개체수가 증가하고 (다)의 개체수가 감소하는 환경을 만들어보자.

- 달팽이가 서식하던 초원이 개발되어 건물들이 생겼다. 건물의 습진 곳에서는 어두운 회색 달팽이의 생존율이 높아졌고 근교에 초원으로 남은 곳엔 밝은 녹색 달팽이가 살게 되었다.

그림 11. 모델제시형 적용하기 단계의 예시 자료

2.3 모듈 예시

과학자의 네 가지 연구형태 별로 하나의 모듈을 예로 제시하여 모듈에서 각각의 단계가 의미하는 것과 단계별 질문, 예상되는 학생답변, 예상활동 등을 정리하였다. 제시된 모듈은 문제해결형, 모델제시형, 아이디어산출형, 유사세런디피티형의 순이다.

(1) 문제해결형 – 제목 : 알카셀처의 반응조건 (화학)

이 모듈에서는 문제상황의 발견과 해결상황의 모색, 문제해결활동이 명시적으로 드러나 있지 않고, 학생들의 활동 속에서 반복적으로 일어나도록 설계가 되어있다. 각 단계별 활동은 다음과 같다.

① **예상 및 탐색하기** : 그림 12와 같이 필름통에 드라이아이스를 넣고 결과를 예상하게 한 다음, 그러한 현상이 잘 일어나게 하기 위한 조건을 탐색하게 한다.

예상 및 탐색하기

1. 실험결과를 예상해보고, 그렇게 예상한 이유에 대해 설명해 보자.

1-1. 필름통에 드라이아이스 조각(각설탕의 1/8 정도 크기) 3 ~ 4개를 넣고 뚜껑을 닫는다. 잠시 후에 어떤 일이 일어날까?

- 필름통 뚜껑이 '펑'소리를 내며 튕겨 나간다.

1-2. 왜 이런 현상이 생겼을까 설명해보자.

- 보통 한 물질이 상태변화를 할 때, 고체일 경우 보다는 액체일 때, 그리고 기체일 경우가 더 많은 부피를 차지하게 된다. 드라이아이스는 기체인 이산화탄소(CO_2)를 냉각 압축하여 고체 이산화탄소로 만든 냉가제로 고체가 기체로 변하면서 필름통 속 기체의 부피가 증가하여 (1cm^3의 고체가 기체로 변하면 1600cm^3 정도까지 부피가 늘어남) 그 압력으로 인해 필름통 뚜껑이 튕겨 나가게 되는 것이다.

2. 1–1에서 관찰한 현상이 더 잘 나타나게 하려면 어떻게 하면 될까?

- 따뜻한 손으로 감싼다. 찬물을 넣어준다. 드라이아이스를 잘게 부순다. 드라이아이스를 많이 넣어준다. 등

관찰한 현상이나 궁금한 내용을 적어 보도록 유도한다.

그림 12. 문제해결형의 예상 및 탐색하기

② **활동하기** : 그림 13과 같이 필름통 뚜껑이 더 잘 날아가게 할 수 있는 조건을 알아보는 활동을 수행하게 한다.

활 동

3. 각 과정을 수행하는 이유를 알아보고, 각 과정에서 나타나는 현상을 정리해보자.

실험하기 전 학생들이 각 단계가 진행되는지 살피고, 진행되지 않는 학생들에 한하여 각 단계가 진행되도록 유도한다.

실험활동

[실험재료]

알카셀처정, 100mL 비커, 뚜껑있는 35mm 필름통, 스포이트나 피펫, 물, 초시계, 줄칼

※ 보안경 착용

[실험과정]

① 포장에서 알카셀처의 성분을 확인하고 기록한다.
② 비커에 물을 넣고 알카셀처를 넣고 변화를 관찰한다.
③ 물이 담긴 35mm 필름통에 알카셀처를 넣음과 동시에 즉시 뚜껑을 닫고 'pop'에 걸리는 시간을 측정한다. (필름통 옆을 쥐고 멀리 들고 있을 것)
④ 'pop' 현상이 일어나기까지의 시간이 의미하는 것이 무엇인지 생각해보자.

실험 시 주의사항
1. 친구의 얼굴을 향하지 않도록 한다.
2. 천장에 달린 형광등을 향하지 않도록 한다.
3. 필름통은 '후지 필름통'이 잘 된다. 다른 필름통은 기체가 새나가므로 튕겨 나가지 않는다.

그림 13. 문제해결형의 활동하기

③ **결과분석** : 직접 실험을 수행하고 알카셀처와 물의 반응으로 나타나는 결과를 분석하게 한다. 그림 14는 결과분석 단계의 일부분이다.

결과분석

4. 주의사항에 따라 실험을 수행하면서 예상한 현상과 맞는지 확인하고 실험결과를 정리해보자.

4-1. 포장지에 기록된 알카셀처의 성분을 알아보자.

- 1정당 아스피린(아세틸살리실산, $C_9H_8O_4$)은 325mg, 시트르산($C_6H_8O_7$)은 1000mg, 탄산수소나트륨($NaHCO_3$)은 1916mg이 들어있다.

참고자료

- 알카셀처에는 산과 염기 성분이 포함되어 있다. 성분들 중 아스피린(일양성자산, $HC_9H_7O_4$), 시트르산(삼양성자산, $H_3C_6H_5O_7$)은 산으로 작용하고, 탄산수소나트륨($NaHCO_3$)은 염기로 작용한다. 알카셀처를 물에 넣으면 이들 산과 염기가 서로 반응하여 기포가 발생하며 녹아들어간다. 물에 녹으면서 산-염기 중화반응이 일어나는 것이다.
- 알카셀처 반응
  - 시트르산과의 반응

$$3NaHCO_3(aq) + H_3C_6H_5O_7(aq) \rightarrow 3H_2O(l) + 3CO_2(g) + Na_3C_6H_5O_7(aq)$$

  - 아세틸살리실산(아스피린)과의 반응

$$NaHCO_3(aq) + HC_9H_7O_4(aq) \rightarrow H_2O(l) + CO_2(g) + NaC_9H_7O_4(aq)$$

물과 알카셀처가 반응하는 모습

그림 14. 문제해결형의 결과분석(일부분)

④ **문제상황발견** : 알카셀처와 물의 반응으로 필름통 뚜껑이 날아가는 활동에 대한 결과분석을 통해 정해진 시간에 필름통 뚜껑이 날아가게끔 실험설계를 하도록 제시된 과제를 해결하게 한다. 이 과정에서 발견되는 문제점에 대하여 논의를 유도한다. 그림 15는 문제상황발견 단계의 일부분이다.

문제상황발견

6. 다음 과제를 수행할 수 있는 실험을 설계해보자. 또한 탐구 과정에서 발견된 문제점에 대하여 토의해보자.

과제 1 : 30초에 'pop'이 일어나는 필름통 타이머 만들기
과제 2 : 연속적으로 'pop! pop! pop!' 알카셀처 경보기 만들기

참고자료

다음은 알카셀처를 이용하여 'pop'의 속도를 측정하는 실험의 예이다. 각각의 경우를 'pop'의 속도에 영향을 주는 요인을 고려하고 탐구과정을 예상 및 설계하고 탐구결과에 대한 해석을 한 것이다.

예 1) 20°C, 증류수

증류수의 부피를 다르게 한 실험

증류수의 양(mL)	POP까지의 시간
5	10초 85
10	11초 00
15	13초 47
20	10초 89
25	9초 23

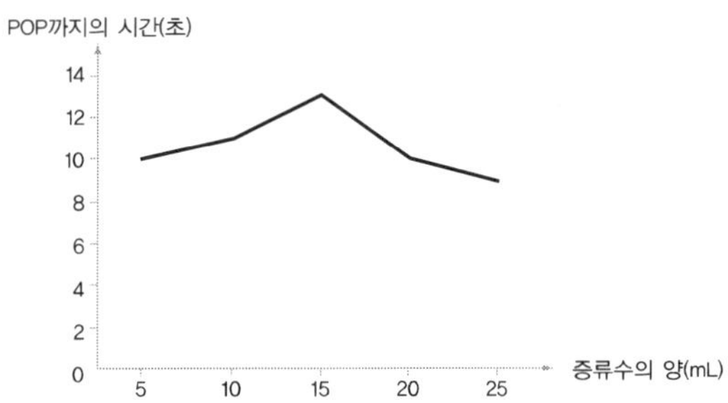

그림 15. 문제해결형의 문제상황발견(일부분)

이 단계는 도움 중지 단계에 해당한다. 그러므로 교사가 실험활동에 특별히 관여하지 않고 학습자가 스스로 문제 해결을 위한 실험설계를 할 수 있도록 한다. 그러므로 반응하는 물의 양이라든가 알카셀처의 양을 통제하지 않고 물과 알카셀처가 반응하여 기체가 발생함에 따라 필름통 내부의 압력이 증가하여 'pop(펑)'한다는 것을 경험할 수 있도록 한다.

학생들이 정해진 시간에 'pop'이 일어날 수 있도록 구성하기 위해서는 반응 속도에 영향을 미치는 요인을 찾아내고 변인 통제를 해야 하므로 다양하게 여러 번의 실험을 해볼 수 있도록 한다.

이 과정은 교수적도움의 중지에 해당하므로 주어진 과제를 통해 스스로 문제를 발견하고 이를 해결하는 경험을 할 수 있도록 하는 것이 중요하다. 그러므로 학습자는 스스로 과제를 선택하고 그 과제를 수행함에 있어 물리적인 변인과 화학적인 변인이 'pop'의 속도에 영향을 준다는 것을 알게 된다. 필름통 종류에 따른 필름통 뚜껑의 조임 정도, 뚜껑을 닫는 방법, 필름통을 지지하는 방법, 시간을 측정하는 방법 등의 과제 수행 시 제기되는 물리적인 변인과 알카셀처의 양, 반응하는 알카셀처의 표면적 크기, 온도, pH, 필름통 속의 물의 양 등의 화학적 변인을 찾아내야 한다. 이러한 변인들을 적절히 고려하여 30초에 'pop'이 일어나면 과제 수행, 즉 문제가 해결되어 종결되는 것이다. 또는 필름통 뚜껑이 시간적 차이를 두고 연속적으로 'pop'하는 경보기를 만들어도 된다.

⑤ **해결상황모색** : 그림 16과 같이 알카셀처와 물이 반응하여 정해진 시간에 기포가 많이 발생하도록 하는 실험의 설계과정에서 논의된 문제점을 어떤 방법으로 해결하여 실험을 수행할 수 있을지에 대하여 논의하게 한다.

해결상황모색

알카셀처와 물이 반응할 때 용매 안에서 반응이 진행되므로 충분한 양의 물이 필요하다. 그러나 물의 양이 증가할수록 발생한 이산화탄소가 차지하는 공간이 증가하므로 'pop'의 시간이 더 단축된다. 따라서 이 실험을 진행함에 있어 반응 속도에 대한 이해와 함께 반응 속도에 영향을 주는 여러 가지 변인들에 대한 고려를 신중히 해야함을 상기시킬 필요가 있다.

7. 'pop'의 속도에 영향을 주는 요인을 고려하여 일정한 시간에 'pop'이 일어날 수 있도록 실험을 설계한다.

- 알카셀처의 개수(즉, 농도)
- 물의 양
- 온도
- pH
- 필름통과 뚜껑의 여부
- 실험자의 실험 오차 등

그림 16. 문제해결형의 해결상황모색

⑥ **해결활동 및 결과분석** : 그림 17에서와 같이 조별로 각자 문제상황의 해결을 위한 활동을 실시하여 결과를 분석하게 한다. 전체적으로 발표하여 가장 효과적인 문제상황의 해결방안에 대하여 알아보게 한다.

해결활동 및 결과분석

빠르게 또는 느리게 진행되는 화학 반응에서 과학자들이 화학 반응에 영향을 주는 다양한 변인들을 찾아내고, 이를 적절히 통제함으로써 반응 속도를 조절하는 것은 화학 반응의 공정에서 매우 중요함을 인식한다.

8. 정해진 시간에 'pop'이 일어나는 조건을 찾고 재현할 수 있도록 한다.

9. 자신의 해결방법과 친구들의 해결방법을 발표해보자. 누구의 해결방법이 가장 매력적인가? 그 이유는?

그림 17. 문제해결형의 해결활동 및 결과분석

(2) 모델제시형 – 제목 : 표면성장 모델(물리)

이 모듈은 임시모델의 제안과 검증, 수정과정이 반복되도록 설계가 되어있다. 각 단계별 활동은 다음과 같다.

① **탐색하기** : 표면성장 실험의 결과를 사진과 그래프로 제시하여 현상이 갖는 규칙성을 발견하게 하고, 이러한 현상을 설명하는 방법으로 모델이 사용될 수 있음을 이끌어낸다. 그림 18은 탐색하기 단계의 일부분이다.

탐색하기

1. 지난 시간까지 실험을 통해 알아보았던 실험의 결과를 사진을 통하여 다시 한 번 살펴보자.

> 표면성장(경계면성장) 현상이 일정한 패턴을 가지고 있음을 인식하게 한다.

1-1. 표면성장(경계면성장)은 어떤 것이었나?

- 시간에 따라 경계면(표면)의 거칠기가 더 거칠어진다.
- 시간이 더 많이 지나면 포화(saturation)가 일어난다.

1-2. 표면성장(경계면성장)은 어떻게 설명이 가능할까? 지금까지 알아본 표면성장 현상을 설명하기 위하여 모델을 만들려고 할 때, 우리가 실험을 통하여 발견한 사실을 다른 표현-무언가가 떨어져서 쌓이는 것으로 생각해보자.

- 시간이 지날수록 경계면의 거칠기가 거칠어지는 현상은 경계면에 무언가가 쌓이는 부분만 계속하여 쌓이는 것으로 볼 수 있다.
- 폭이 넓을수록 경계면의 거칠기가 거칠어지는 현상은 무언가가 쌓일 때 폭이 넓으면 더 불규칙할 수 있다는 것을 의미한다.

2. 표면성장 현상에 대하여 다음을 논의해보자.

2-1. 표면성장 현상으로부터 일정한 규칙이나 패턴을 찾아볼 수 있는가?

> 모델에 대하여 익숙하지 않은 경우, 모델에 대한 적절한 안내가 필요한 단계이며, 원자 모형 등의 예를 들어 모델에 대한 안내를 한다.

- 시간에 따라 표면의 거칠기가 점점 거칠어지다가 일정해지는 패턴을 갖는다.

2-2. 표면성장이 갖는 일정한 패턴을 설명하는 가장 적합한 방법으로는 어떤 것이 있을까?

> 논의가 잘 진행되지 않는 경우 모델이 갖는 규칙성에 대하여

그림 18. 모델제시형의 탐색하기(일부분)

② **임시모델제안** : 그림 19에서와 같이 표면성장이 갖는 규칙성을 설명하는 방법으로 테트리스 게임의 규칙을 적용하여 임시모델을 이끌어내게 한다.

임시모델제안

3. 게임이 갖는 규칙성에는 어떤 것이 있는가?

- 블록이 모든 영역에 무작위로 떨어진다.
- 일단 블록이 붙으면 붙는 지점에 계속 쌓인다.

4. 게임의 규칙성을 적용하여 표면성장을 설명할 수 있는 모델을 만들고, 그림으로도 표현해보자.

- 테트리스 게임에서 시간이 지나면서 무작위로 쌓이는 블록의 모습으로 표면성장 현상을 설명할 수 있다.

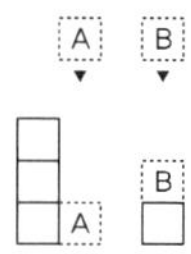

그림 19. 모델제시형의 임시모델제안

③ **검증하기** : 그림 20과 같이 임시모델이 현상을 잘 설명하는지 확인하기 위하여 시뮬레이션을 통해 검증의 과정을 거쳐 표면의 거칠기가 포화되지 않음을 확인하게 한다.

검증하기

5. 게임을 적용하여 고안한 모델이 우리의 예상대로 표면성장을 설명하기에 적합할까? 다음의 시뮬레이션을 보고 확인해보자.

5-1. 시뮬레이션 〈출처: http://statphys.ssu.ac.kr/frame/rd.html〉

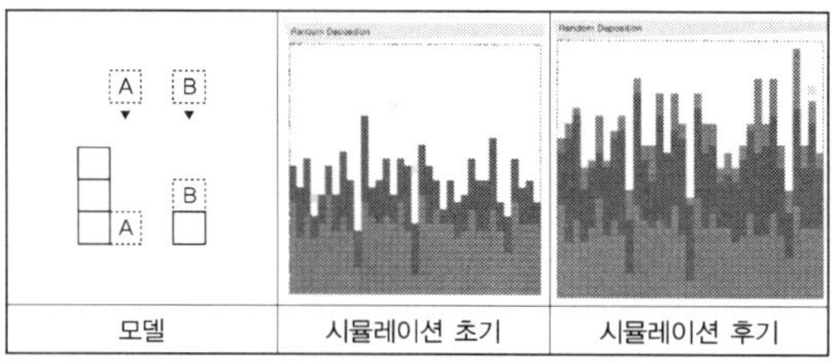

5-2. 표면성장을 설명하기에 적합한가?

- 시간이 지나면서 경계면의 거칠기가 무한정 증가하는 문제점이 있다.

그림 20. 모델제시형의 검증하기

무작위 증착 모델
(Random deposition model)
가장 간단한 모델로, 제한 조건없이 임의의 위치에 블록이 떨어져 성장하는 모델로 일정해지는 지점이 없이 계속하여 거칠기가 증가하는 오류를 가지고 있다.

시뮬레이션을 보고 모델로 현상이 갖는 규칙성을 모두 설명할 수 있는지를 확인하게 한다.
〈출처: 숭실대학교 물리학과 통계물리 연구실 http://statphys.ssu.ac.kr/frame/rd.html〉

④ **수정하기** : 그림 21에서와 같이 임시모델이 표면성장의 포화현상을 설명하지 못하는 것을 해결하기 위하여 몇 가지 간단한 규칙을 찾아 추가하는 과정을 통해 임시모델을 수정하게 한다.

수정하기

6. 모델이 갖는 문제점을 해결하기 위하여 일정한 조건이나 규칙에 대하여 생각해보자.

- 떨어지는 물체가 나뭇가지에 달라붙는 것처럼, 블록이 옆의 블록에 붙는 조건을 넣어본다.
- 일정 높이 이상이 되면 쌓이지 않는 조건을 만든다.

오류를 수정할 수 있는 제한 조건을 논의하게 하고, 논의가 잘 진행되지 않을 경우, 과학자의 모형들에 대한 적절한 안내를 한다.

그림 21. 모델제시형의 수정하기

⑤ **임시모델제안** : 수정하기 단계에서 논의된 조건이나 규칙을 적용하여 그림 22와 같이 표면성장 현상을 설명할 수 있는 새로운 임시모델을 제안하게 한다.

임시모델제안

7. 논의한 조건이나 규칙에 해당하는 모델을 생각하여, 그림으로 표현해보자.

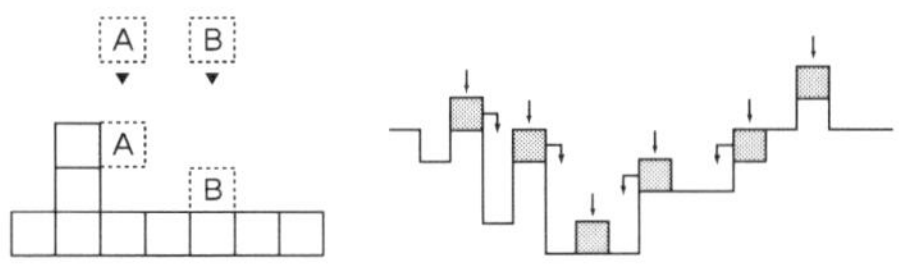

그림 22. 모델제시형의 임시모델제안

⑥ **검증하기** : 그림 23과 같이 시뮬레이션을 통하여 제안한 임시모델이 현상을 잘 설명하는지를 검증한다.

검증하기

8. 새로운 규칙을 적용한 모델이 표면성장을 잘 설명할 수 있는지 확인해보자.

8-1. 근접 블록과 상호작용하는 모델

〈출처: http://fisica.udea.edu.co/~mpaez/Jfracdim/Jfracdim.html〉

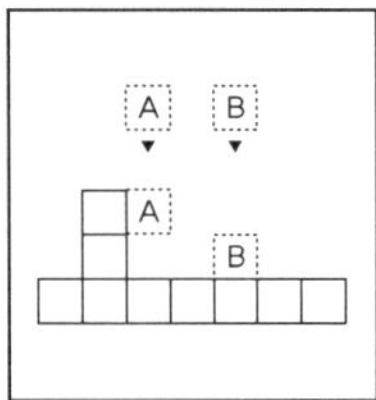	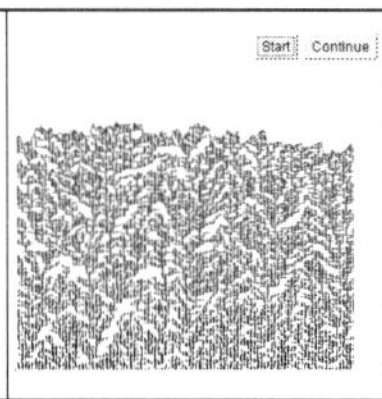	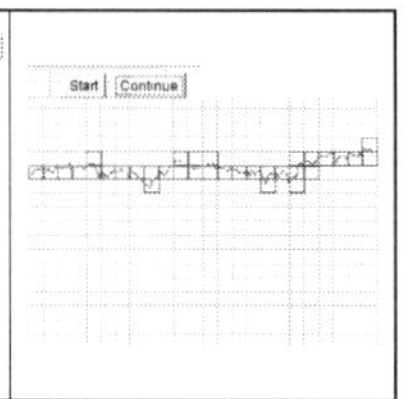
모델	성장 결과 화면	시뮬레이션

8-2. 일정 높이 수준까지 올라가고 낮은 쪽으로 떨어지는 규칙을 갖는 모델 〈출처: http://statphys.ssu.ac.kr/frame/rd_relax.html〉

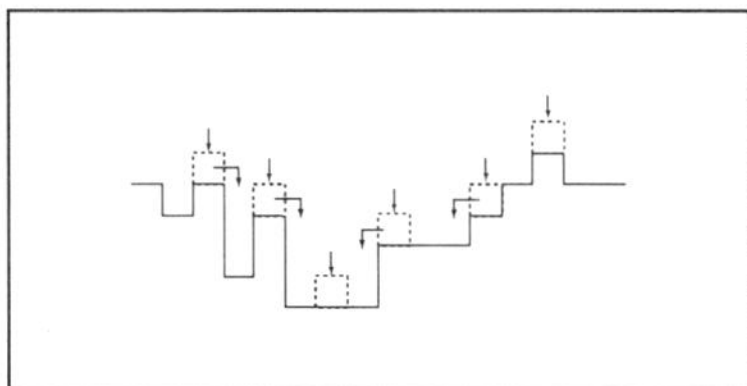	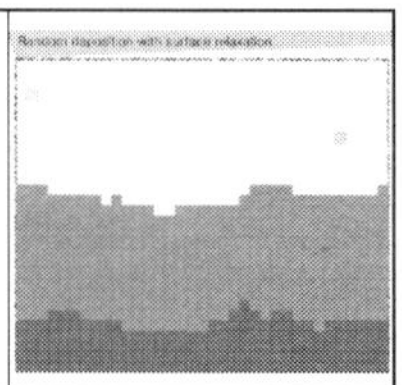
모델	시뮬레이션 1

8-3. 각각의 모델에서 발견되는 문제점이 있는가?

- 빈 공간이 만들어지는 모델도 있지만, 현상이 갖는 규칙성을 설명하는 데 아무런 문제가 없다. 현상을 잘 설명한다.

그림 23. 모델제시형의 검증하기

비행증착 모델
(Ballistic deposition)
어떤 입자들이 중력에 이끌려 떨어져서 바닥에 쌓일 때, 입자가 떨어지다가 인접한 다른 입자들의 기둥이나 가지에 붙어버릴 수 있다. 이런 일이 되풀이 되면 구멍이 듬성듬성 뚫려 있는 입자들의 더미가 형성되며 성장한다.
〈출처 : http://fisica.udea.edu.co/~mpaez〉

표면완화 랜덤 증착
(Random deposition with surface relaxation)
일정 높이까지 블록이 쌓이면 그 위에 떨어진 블록이 옆 블록 아래로 떨어진다.
〈출처 : 숭실대학교 물리학과 통계물리 연구실 http://statphys.ssu.ac.kr/frame/rd.html〉

⑦ **모델통합** : 그림 24와 같이 조별로 제안한 임시모델 중 표면성장 현상이 갖는 규칙성을 설명하기에 적합한 모델로 어떤 것들이 있는지 확인하게 한다.

모델통합

9. 표면성장 현상을 설명하기에 적합한 모델로 어떤 것들이 있었는가? 정리해보자.

- 근접 블록과 상호작용하는 모델이나 일정 높이 수준까지 올라가고 옆으로 떨어지는 모델로 표면성장 현상이 갖는 규칙성에 대한 설명이 가능했다.

그림 24. 모델제시형의 모델통합

⑧ **적용하기** : 그림 25에서와 같이 최종적으로 형성된 모델로 설명이 가능한 새로운 현상의 예를 찾아보게 한다.

적용하기

10. 지금까지 만들고 검증한 모형을 적용할 수 있는 다른 현상을 찾아보자.

- 크로마토그래피의 경계면에서 보이는 현상 설명
- 반도체 표면의 거칠기 완화를 위한 노력

과학자들은 표면성장 현상을 여러 가지 방법으로 규칙을 지닌 모델을 이용하여 설명하였고, 많은 부분에서 현상과 모델의 결과가 유사하게 나타나는 것을 확인하였다. 이를 응용하여 첨단 과학기술에서도 실제 사용되고 있는데 반도체 공정이 그 예이다. 반도체의 재료를 만드는 과정에서 반도체 표면을 매끄럽고 균일하게 공정하기 위해 여러 가지 재료로 그 표면을 성장시키는데, 이때 표면성장 효과를 없애기 위한 노력의 방법으로 반도체 표면을 매끄럽게 성장시키기 위한 노력에 표면성장 연구가 기여를 한다.

그림 25. 모델제시형의 적용하기

(3) 아이디어산출형– 제목 : 우리 몸에 숨겨진 원리 (물리)

이 모듈은 외부 자극과 인간의 반응 사이의 관계를 알아보는 과정에서 학생들의 아이디어가 중심이 되어 진행이 되도록 설계되어 있다. 각 단계별 활동은 다음과 같다.

① **현상제시** : 그림 26과 같이 자극에 대하여 반응하는 몇 가지 예시 활동을 제시하여 주제를 파악하게 한다.

현상제시

1. 외부에서 주어지는 자극에 대해 인간은 어떻게 느끼고 반응하는지 다음 활동을 해보자.

1-1. 고무줄을 2cm, 4cm, 6cm로 늘려 친구의 손등에 쏘아보자. 고무줄의 길이(외부 자극)가 길어질수록 아픔을 느끼는 정도(반응 정도)는 어떻게 되는가?

- 고무줄이 길어질수록 더 아프게 느낀다.

1-2. 책상을 손으로 약하게 쳐보고, 소리를 들어보자. 다음에는 책상을 손으로 강하게 쳐보고, 소리를 들어보자. 책상을 손으로 친 강도(외부 자극)와 느껴지는 소리의 크기(반응 정도)는 어떤 관계가 있는가?

- 책상을 강하게 칠수록 소리가 크게 들린다.

그림 26. 아이디어산출형의 현상제시

② **탐색** : 그림 27과 같이 예상하기 내용을 정리하면서 자극의 강도와 인간이 느끼는 반응의 정도에 대한 관계를 생각해보게 한다.

탐 색

2. 외부에서 주어지는 자극의 강도를 점차 올리거나 낮추면 인간이 느끼는 반응의 정도는 어떻게 변할지 예상해보자.

2-1. 고무줄이 손등에 가하는 충격의 강도를 계속 높여 나간다면, 인간이 느끼는 아픔의 정도는 어떻게 달라질까?

- 손등에 가하는 충격의 강도를 높일수록, 인간이 느끼는 아픔의 정도도 계속 높아진다.
- 손등에 가하는 충격의 강도를 높이면, 일정 수준의 충격까지는 아픔의 정도가 비례하여 증가하다가 너무 큰 충격에는 감각을 잃어버린다.
- 일정 수준의 충격까지는 비례하여 아픔을 느끼다가 일정 수준 이상의 충격에서는 모두 같은 아픔을 느낀다.

학생들이 자유롭게 예상할 수 있도록 해주고, 옳고 그름에 대한 피드백을 주지는 않는다.

2-2. 고무줄이 손등에 가하는 충격의 강도를 계속 줄여 나간다면, 인간이 느끼는 아픔의 정도는 어떻게 달라질까?

- 손등에 가하는 충격의 강도를 낮출수록, 인간이 느끼는 아픔의 정도도 계속 낮아진다.
- 손등에 가하는 충격의 정도가 매우 낮아지면, 인간이 느끼지 못하는 지점이 있을 것이다.

2-3. 위의 결과를 바탕으로 외부에서 주어지는 자극의 강도와 인간이 느끼는 반응의 정도는 어떤 관계가 있을지 예상해보자.

- 외부에서 주어지는 자극의 강도를 높이면, 인간이 느끼는 반응의 정도도 비례하여 증가한다.
- 외부에서 주어지는 자극의 강도를 높이면, 일정 수준의 자극까지는 반응의 정도가 비례하다가 일정 수준 이상의 자극에서는 반응이 일정하게 나타난다. 또는, 반응을 느끼지 못하게 된다.

그림 27. 아이디어산출형의 탐색

③ **아이디어제시(idea pool)** : 그림 28과 같이 외부 자극에 대하여 인간의 반응 정도를 알아보기 위한 실험아이디어를 고안하여 발표하게 한다.

아이디어제시 (idea pool)

3. 외부에서 주어진 자극에 대한 인체의 반응 정도를 알아볼 수 있는 실험 아이디어를 생각해보고, 모둠별로 발표해보자.

- 빛의 세기에 따라 인간이 느끼는 밝기의 정도를 실험해본다.
- 소리의 진폭에 따라 소리의 세기를 실험해본다.
- 소리의 진동수에 따라 소리의 높낮이의 변화를 실험해본다.
- 온도에 따라 피부의 춥고 더움의 정도를 비교해본다.
- 외부에서 가하는 압력의 정도에 따라 아픔의 정도를 비교해본다.

학생들이 아이디어를 제시하는 것을 어려워할 경우, 인간이 느끼는 자극의 종류와 감각기관, 인간이 느끼는 반응에 대해 아래처럼 생각해 보도록 한다.

자극 – 감각기관 – 반응
빛의 세기 – 눈 – 밝기로 느낌
음파의 진폭 – 귀 – 소리의 세기
음파의 진동수 – 귀 – 소리의 높낮이
기체화학물 – 코 – 향기의 강도
액체화학물 – 혀 – 맛의 강도
온도 – 피부 – 춥고 더움
압력 – 피부 – 아픔의 정도

그림 28. 아이디어산출형의 아이디어제시

④ **아이디어선별** : 그림 28과 같이 여러 실험 아이디어 중 가장 적합한 아이디어를 선택하게 한다.

아이디어선별

4. 여러 실험 아이디어 중 가장 적절한 방법을 찾기 위한 기준을 생각해서 적어보자.

- 자극을 수치화 또는 정량화 할 수 있는가?
- 인체의 반응을 정량화 또는 등분화 할 수 있는가?
- 자극의 정도를 측정할 수 있는 실험도구나 사물이 있는가?
- 반응의 정도를 알아볼 수 있는 실험도구나 사물이 있는가?
- 어떤 변인을 통제해야 하는가?
- 현 실험실에서 실현 가능한 실험인가? 등

아이디어를 선별하는 과정에서 학생들이 자극과 반응을 수치화 또는 단계화할 수 있는 것이어야 함을 인식하도록 하고, 우리 생활 주변에서 쉽게 구할 수 있는 도구로 가능한 실험을 선별하도록 한다. 그러면, 소리의 진동수에 따른 소리의 높낮이의 변화를 관찰하는 것으로 아이디어를 수렴할 수 있을 것이다.

5. 위의 설정된 아이디어선별기준을 고려하여 가장 적절한 아이디어를 선택해보자.

- 소리의 진동수에 따라 소리의 높낮이의 변화를 실험해본다.

그림 29. 아이디어산출형의 아이디어선별

⑤ **탐구설계** : 자극과 반응에 대한 실험으로 선택된 아이디어를 검증하기 위하여 탐구의 계획부터 준비까지 스스로 탐구를 설계하도록 한다. 여기서는 소리의 진동수에 따른 높낮이의 변화를 알아보는 실험을 예시자료로 제시하였다. 그림 30은 탐구설계 단계의 일부분이다.

탐구설계 (아이디어디자인)

6. 여러분이 선별한 아이디어를 검증할 수 있는 실험을 설계해 보자.

> 본 안내서에서는 소리의 진동수에 따른 소리의 높낮이의 변화를 탐구하는 실험을 중심으로 내용을 전개하였다.

6-1. 선택한 아이디어를 좀 더 구체화시켜 보자.

- 낮은 도에서 높은 도까지의 1옥타브를 〈도, 도#, 레, 레#, 미, 파, 파#, 솔, 솔#, 라, 라#, 시〉 12단계로 나누어진 현재의 악기들은 각 단계마다 일정한 소리의 높이 간격을 가진 것으로 간주할 수 있다.
  따라서, 인간이 느끼는 소리의 높낮이는 악기를 통해 등분화(단계화)될 수 있다. 또한, 각 음마다의 진동수를 측정하면 외부 자극의 정도를 알 수 있다. 이 진동수와 각 음 사이의 상관 관계를 찾아봄으로써 외부 자극과 인간의 반응 사이의 관계를 알 수 있다.

6-2. 필요한 준비물을 적어보자.

> cooledit 프로그램의 데모판은 인터넷상에서 쉽게 구할 수 있으며, 프로그램의 사용법도 간단한 편이다.

- 선택한 외부 자극 : 소리의 진동수
- 선택한 외부 자극의 정도를 측정할 수 있는 실험도구(사물) : 녹음이 가능한 컴퓨터(사운드 카드, 마이크), cooledit 프로그램
- 선택한 외부 자극에 대한 인간의 반응 : 소리의 높낮이
- 인간의 반응 정도를 정량화 또는 등분화할 수 있는 실험도구(사물) : 잘 조율된 피아노, 플룻, 목소리 등
- 기타 필요한 준비물 : 계산기, 연필 등

> cooledit에서 주파수 분석을 하면 특정 간격에 따른 주파수를 분석하게 되는데, 너무 낮은 음은 진동수의 차이가 매우 작기 때문에 분석에 적합하지 못하다.
> 피아노 분석 시 C3 이상에서 분석하도록 하며, 현악기보다는 관악기가 실험결과가 더 잘 나온다.
> 사람의 육성으로 도, 레, 미, 파, ... 음을 소리 내어 분석하여도 비슷한 결과를 얻을 수 있다.

6-3. 기본적인 변인들을 구별하여, 실험상황에서 어떻게 통제할지를 생각해보자.

- 종속변인 : 피아노의 음높이 (적당한 간격으로 등분배한다.)
- 독립변인 : 음의 진동수
- 통제변인 : 피아노 건반을 누를 때의 강도(세기), 주위의 잡음

그림 30. 아이디어산출형의 탐구설계(일부분)

⑥ **결과분석 및 아이디어검증** : 제시한 아이디어를 검증하기 위하여 결과를 분석하여 확인하게 한다. 그림 31은 결과분석 및 아이디어검증 단계의 일부분이다.

결과분석 및 아이디어검증활동

7. 설계된 실험방법을 바탕으로 실험을 수행하고, 표와 그래프로 나타내보자.

7-1. 선택한 외부 자극(음의 진동수)에 따른 인간의 반응(음의 높이)을 표로 기록해보자.

	진동수 (1회)	진동수 (2회)	진동수 (3회)	평균값
도(C3)	130.32	131.12		130.813
도#(C#3)				138.592
레(D3)	146.29	145.82		146.833
레#(D#3)				155.564
미(E3)	164.59	164.15		164.814
파(F3)	173.07	167.92		174.614
파#(F#3)				184.997
솔(G3)	195.13	190.51		195.998
솔#(G#3)				207.653
라(A3)	219.5	222.87		220
라#(A#3)				233.082
시(B3)	245.81	242.61		246.942
도(C4)	261.19	256.25		261.626
도#(C#4)				277.183
레(D4)	291.92	289.14		293.665
레#(D#4)				311.127
미(E4)	327.69	324.64		329.628
파(F4)	349.09	335.05		349.228
파#(F#4)				369.994
솔(G4)	389.06	385.55		391.995
솔#(G#4)				415.305
라(A4)	436.26			440
라#(A#4)				466.164
시(B4)	491.46			493.883
도(C5)	517.7			523.252

진동수 분석 결과창에 보면 FFT size가 있다. 이는 진동수를 얼마나 세분해서 그래프를 그릴 것인가를 결정하는 지수로, 숫자가 낮으면 그만큼 정밀도가 떨어진다.
본 실험에서는 FFT size = 4096 정도가 적합하다.

결과표의 수치는 다음과 같다.
1회 : 피아노 측정 결과
2회 : 남성 목소리 측정 결과
평균값 : 각 음에 대한 표준화 된 실제 진동수
→ 실험상의 편의를 위해 1회, 2회의 실험은 피아노의 흰 건반에 해당하는 음만 측정하였다.
검은 건반에 해당하는 값은 실제 진동수를 보고 실험치와 비교하면 된다.
→ 보다 다양한 실험결과는 뒤의 참고자료를 보면 된다.

그림 31. 아이디어산출형의 결과분석 및 아이디어검증활동(일부분)

⑦ **아이디어확정** : 그림 32에서와 같이 결과분석 내용을 바탕으로 외부 자극과 인간의 반응 사이의 관계에 대한 아이디어를 확정하게 한다.

아이디어확정

9. 지금까지의 내용을 바탕으로 외부 자극과 인간의 반응 사이에는 어떤 상관관계가 있는지 정리해보자.

- 인간은 외부 자극에 대해 로그함수적으로 반응한다.
  즉 $y = K\log(x/x_0)$의 관계식을 얻을 수 있다. (y : 반응, x : 자극)

이와 같은 관계식을 알아낸 사람은 페히너이다. 그는 독일의 물리학자이며 철학자였던 사람으로 자극과 감각의 세기의 관계를 양적으로 연구하였고, '페히너의 법칙(베버-페히너의 법칙)'으로 알려진 공식을 정리하였다.

그림 32. 아이디어산출형의 아이디어확정

⑧ **아이디어적용(일반화)** : 외부 자극과 인간의 반응 사이의 관계를 알아보는 실험결과를 일반화하기 위하여 실험이 갖는 한계를 먼저 알아보고, 일반적인 관계식을 이끌어내게 한다. 그림 33은 아이디어적용 단계의 일부분이다.

아이디어적용 (일반화)

10. 외부 자극과 인간의 반응 사이의 상관관계를 알아보기 위해 선택한 실험의 한계점은 무엇인가?

- 우리가 선택한 소리의 진동수와 음의 높이 사이의 상관관계를 알아보는 특수한 실험 1가지를 가지고, 인간의 자극과 반응에 대한 상관관계를 알아냈다고 하는 데는 일반화의 오류가 있을 수 있으므로, 다른 자극과 반응에 대한 실험도 수행해 봄으로써 이 상관관계의 유용성 및 정확성을 검토해 볼 필요가 있다.
- 외부에서 주어진 자극에 대한 인간의 반응은 무조건적으로 위의 그래프를 따르는 것이 아니라 심리적인 요인, 환경적인 요인, 인지적인 요인 등 다양한 요인에 의해 달라질 수 있음을 인식해야 한다.

11. 일상 생활에서 자극에 대한 우리의 반응과 위의 관계식을 연관시켜 생각해보자.

- 자극이 매우 작게 주어지면 우리가 느끼지 못하는 경우가 있다. 이는 위의 그래프에서 최소극치가 존재하는 것과 관련이 있다.
- 아주 큰 자극을 주면 그 강도가 서로 다르더라도 비슷하게 느껴진다. 이는 자극의 강도가 커져도 반응이 그 강도의 차이 만큼 민감하게 커지지 않는 것과 관련된다. 이는 인간을 보호하는 역할을 한다.

이것만은 꼭!

거의 100년 전에 만들어진 페히너의 법칙은 반드시 자극과 반응의 관계를 완벽하게 표현한 것은 아니라는 것이 밝혀졌다.
1950년대에 Stevens는 감각의 크기를 자극의 지수의 멱함수로 나타냈고, 이를 스티븐스의 지수 법칙이라고 했다.
따라서, 자극과 반응의 관계식을 학생들이 100% 옳은 법칙으로 인식하도록 하면 안 된다. 인간은 심리적, 환경적 요인 등 다양한 영향을 받아 반응하는 복잡한 존재이므로 페히너의 법칙처럼 단순하게 모든 것을 표현할 수 있는 것은 아님을 반드시 이해시키고, 단지 그러한 경향성이 있다는 것과 심리학과 물리학이 접목된 이러한 연구도 진행되고 있음을 알려주는 기회로 삼았으면 한다.

그림 33. 아이디어산출형의 아이디어적용(일부분)

(4) 유사세런디퍼티형 – 제목 : 푸른 공팡이에서 피어난 기적의 열매 (생물)

이 모듈은 읽기자료 등을 통하여 과학자의 우연한 발견이 새로운 산출물을 만드는 과정에 대한 학습이 이루어지도록 설계되어 있다. 각 단계별 활동은 다음과 같다.

① **탐색** : 그림 34와 같이 눈물이나 침 등의 역할을 생각해보게 하여 주제관련 현상에 대하여 탐색하게 한다.

탐 색

1. 웬만큼 가렵거나 벌레 물린 자리에는 침을 쓱 발라 두면 조금 가라앉게 되는데 침은 무슨 역할을 할 것이라 생각되는가?

- 천연 물파스 역할을 한다.
- 천연 연고 역할을 한다.

2. 침과 같은 역할을 하는 다른 예에 대한 다음 글을 읽고 생각해 보자.

> 1921년 플레밍은 지독한 감기에 걸리자 자신의 콧물을 조금 채취해서 배양하면서 관찰하고 있었고 배양접시는 황색 세균으로 가득 차 있었다. 어느 날 배양접시에 노란색 균체가 오염되어 자라고 있었는데, 한쪽에 균들이 자라지 않고 반투명체로 빛나는 형태를 보이고 있었다. 즉, 플레밍의 콧물 방울 주변에서는 세균이 자라지 않고 있었던 것이다.

2-1. 이 사건을 통해 플레밍이 발견하게 된 사실은 무엇인가?

- 사람의 콧물에는 세균의 생육을 억제하는 물질이 들어있다.

그림 34. 유사세런디퍼티형의 탐색

② **우연한 관찰** : 포도상 구균에 대한 플레밍의 연구에 대한 읽기자료 등을 이용하여 곰팡이와 세균의 관계에 대한 과학자의 우연한 관찰을 학습자가 직접 경험하게 한다. 그림 35는 우연한 관찰 단계의 일부분이다.

우연한 관찰

3. 아래 사진은 세균을 배양하는 중인 고체 배지가 어떤 곰팡이로 인해 오염된 모습이다.

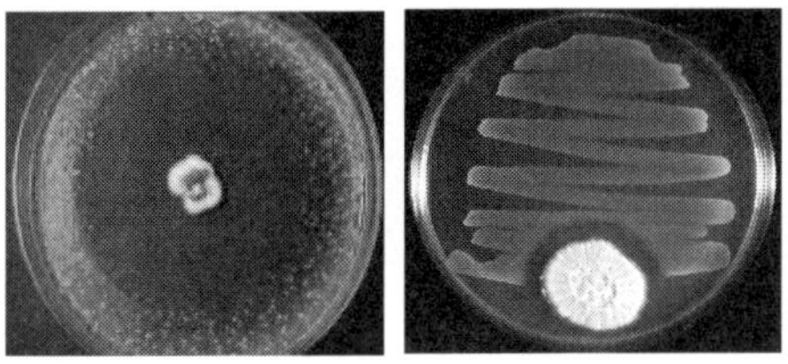

〈출처 : 좌 : kr.blog.yahoo.com, 우 : ask.nate.com〉

3-1. 이 두 사진에서 공통적으로 관찰할 수 있는 사실은 무엇인가?

- 곰팡이가 자라는 주변에는 세균이 자라지 않는다.

3-2. 곰팡이와 세균 사이에 어떤 일이 일어났을 거라 예상할 수 있는가?

- 곰팡이가 어떤 물질을 분비하여 주변의 세균을 죽였을 것이다.

4. 다음의 일화는 포도상 구균에 대해 연구하던 플레밍의 이상한 경험을 보여준다.

> 1928년 9월의 어느 월요일, 휴가를 다녀온 뒤 나는 실험실 테이블에 쌓여 있던 배양접시를 들여다보고 있었어요. 한천 배양접시에는 항상 오염된 곰팡이들이 실험결과를 망쳐놓기도 하거든요. 배양접시를 보고 있다가 어느 배양접시에 눈길이 갔어요. 다른 접시에도 곰팡이가 오염되어 자라고 있었는데, 유독 그 배양접시 주변에 있던 포도상 구균들이 녹아서 마치 이슬방울처럼 보였거든요.
>
> 나는 옆에 있던 조수에게 "이것 참 재밌는 일이군"이라고 말하며 보여주었어요. 그러자 그 조수는 "꼭 라이소자임을 발견하던 상황과 같군요"

'푸른 곰팡이'는 빵이나 떡 같은 음식에 많이 생긴다.

푸른 곰팡이(Penicillium)
빗자루 모양의 분생자(分生子) 자루를 가진 곰팡이의 총칭.
보통 자낭균류에 포함시키지만, 자낭이 없는 것도 적지 않으므로 정확하게는 불완전균류에 포함시키며, 자낭이 있는 것만 탈라로미케스(Talaromyces) 또는 카르펜텔레스(Carpenteles)라고 한다. 일반 가정에서도 흔히 볼 수 있으며, 약 150종이 있다. 빛깔은 일정하지 않아 청록색·녹색·황록색등이 많고, 드물게 갈색·홍갈색의 것도 있다. 분생자 자루의 선단에 피아라이드라고 하는 구조가 생겨 그 선단에서 밀려나온 포자가 염주 모양으로 많이 배열되어 생긴다.
노타툼(P. notatum)이나 크리소게눔(P. chrysogenum) 등의 종은 페니실린이라는 항생물질을 특히 잘 생성하므로 이것으로 의약품을 만들고 있다. 또 톡시카리움(P. toxxicarium)이나 이슬란디쿰(P. islandicum)은 인축에 유독한 물질을 생성하는 것으로 알려져 있어 동물 사료에서 문제가 된다.

포도상 구균들을 배양해 놓은 샬레를 현미경으로 유심히 관찰하다가 우연히 푸른 곰팡이가생기면 그 주위의 포도상 구균이 녹는 현상을 발견한 것이다. 자칫 잘못된 배양으로 판단하고 샬레를 버렸을지도 몰랐다고 한다.

그림 35. 유사세런디피티형의 우연한 관찰(일부분)

③ **관찰된 현상의 이해** : 그림 36과 같이 우연한 기회에 항생제인 페니실린이 개발되는 것을 통하여 우연한 관찰이 새로운 산출물을 만들게 됨을 학습하게 한다.

관찰 및 현상의 이해

5. 플레밍이 관찰한 배양접시에서 곰팡이와 포도상 구균 사이에서 일어난 일을 위에서 제시한 '라이소자임'과도 연관시켜 설명해 보자.

- 모든 생물은 외부 침입자에 대항하기 위한 면역체계를 가지고 있다. 사람의 점액(눈물, 콧물, 침)에는 '라이소자임'이라는 효소가 들어있어 세균의 생육을 억제한다. 마찬가지로 곰팡이 등의 미생물들 중에는 다른 미생물들의 침입을 방지하기 위해 이들을 죽이는 물질을 분비한다. 세균끼리는 물론이고 세균과 곰팡이, 곰팡이와 곰팡이 사이에서도 서로 다툼(살생)이 있는지라, 문제의 배양접시로 날려 온 푸른 곰팡이가 분비한 항생제 물질, 즉 페니실린이 포도상 구균을 죽였던 것이다.

6. 현재 우리는 푸른 곰팡이가 만드는 물질을 정제하여 유용하게 쓰고 있는데, 그것은 무엇이며 어떤 작용을 하는가?

- 항생제로서의 페니실린이다. 많은 종류의 세균의 성장을 멈추게 하고 번식하는 것을 방지한다.

최초의 항생제인 페니실린은 발견 그 순간부터 '기적의 물질'로 불렸다. 항생제의 가장 큰 특징은 인간에게는 해가 적으면서도 세균에게는 치명적인 독성을 지닌다는 것이었다. 기존의 소독약들이 인간의 백혈구든 세균이든 가리지

그림 36. 유사세런디피티형의 관찰된 현상의 이해

④ **새로운 탐구** : 우연한 발견이 페니실린을 개발하게 하는 새로운 탐구로 이어지는 과정을 학습한다. 그림 37은 새로운 탐구의 일부분이다.

새로운 탐구

7. 페니실린은 모든 세균에 동일하게 작용하지는 않는다. 즉, 페니실린은 그람양성세균에 매우 효과적이지만(생육억제 효과가 높다), 그람음성세균에게는 효과적이지 못하다.
이것은 그람양성균과 그람음성균의 어떤 차이에 기인한 것이며, 페니실린에 세균의 생육을 어떻게 억제하는지 알아보자.

7-1. 그람양성균과 그람음성균 간에는 어떤 형태적인 차이가 있는가?

- 원핵세포 구조를 가지고 있는 생물은 세균류와 남조류이다. 세균류는 그람양성균과 그람음성균으로 분류되는데 덴마크의 의사인 그람(Christian Gram)이 동물 조직 중의 세균을 검출하기 위해서 사용한 방법으로, 세포를 Triphenylmethane 색소인 Gentian violet와 아이오딘 용액으로 염색하고 acetone이나 alcohol로 세척하여도 세포에 색소가 남아 있으면 그람양성균(Gram positive)이라 하고, 염색되지 않고 탈색되는 것을 그람음성균(Gram negative)이라고 한다.

항생제는 넓게 말해 미생물을 죽이는 물질들을 의미하지만, 요즘에는 좁은 의미로 세균, 즉 박테리아를 죽이는 물질을 의미하고, 바이러스를 죽이는 물질은 항바이러스제, 곰팡이를 죽이는 물질은 항진균제라고 구분하기도 한다.

그림 37. 유사세런디피티형의 새로운 탐구(일부분)

⑤ **적용** : 그림 38과 같이 우연한 발견으로 생성된 새로운 산출물로서의 항생제의 예를 찾아보고, 항생제의 실제 적용사례를 확인하게 한다.

적 용

9. 이외에 다른 항생제들의 예를 들어보고, 어떤 작용을 하는지 조사해보자.

- 세팔로스포린(cephalosporin)계에 속하는 항생제 – 페니실린처럼 세균의 세포벽 합성을 저해한다.
- 아미노글리코사이드(aminoglycoside)계, 테트라사이클린(tetracycline)계 클로람페니콜 등의 항생제 – 서로 작용하는 범위는 다르지만, 세균이 생존을 위해 만들어내는 필수적인 단백질 합성 과정을 방해해 세균을 죽이는 작용을 한다.
- 퀴놀론(quinolones)계 항생제 – 세균이 DNA를 합성하는 과정을 방해하여 세균을 죽인다.
- 설폰아마이드(sulfonamides)계 항생제 – 세균이 가진 특정 효소들을 억제하며한다.
- 폴리마이신(polymixins) – 세균의 세포막을 파괴시켜 세균을 죽인다.

시각자료를 활용하여 학생들의 이해를 돕는다.

그림 38. 유사세런디피티형의 적용

Chapter 2

아이디어산출형 모듈

01 힘과 운동

수업모델 아이디어산출형 – 시범보이기

이 수업은 과학자의 연구형태 중 아이디어산출형으로 진행된다. 힘과 운동에 대하여 뉴턴의 운동법칙을 잘 알고 있는 학생들에게 힘과 운동이 뉴턴의 운동법칙으로 정립되기까지 과정에서 중요한 아이디어를 제시한 갈릴레이의 '아이디어산출' 과정을 알아보는 것이 본 수업의 목표가 된다. 아이디어산출형의 연구과정에서 본 모듈은 idea pool이 아닌 하나의 아이디어의 제시과정이며, 따라서 아이디어선별과정이 빠져있다.

『아이디어산출형의 수업과정』

현상제시 → 탐색 → 아이디어제시(idea pool) → 아이디어선별
↓
아이디어적용(일반화) ← 아이디어확정 ← 결과분석 및 아이디어검증활동 ← 탐구설계

수업개요

6세기 아리스토텔레스가 제안한 자연스런 운동이 아주 오랜 시간 동안 많은 사람들에게 지지를 받던 시대에 갈릴레이는 힘과 운동에 관한 새로운 아이디어로 관성을 제안하게 되고, 제안된 아이디어를 체계적으로 정리한 뉴턴에 의해서 힘과 운동에 대한 논란은 마무리가 된다.

아리스토텔레스의 자연스런 운동은 물체가 정지한 상태이고, 그의 힘은 접촉을 통해서만 작용한다. 갈릴레이의 아이디어는 관성이라는 개념과 마찰력이라는 개념을 운동에 포함시켜, '힘을 받은 물체는 마찰력이 작용하지 않는다면 계속하여 운동할 것'이라는 사고실험의 결론을 내리게 된다. 이 모듈에서는 힘을 받은 물체가 어떻게 운동하는지 알아보는 과정에서 과학자의 연구과정에 대한 학습이 이루어지도록 하였다.

수업안내

- 수업 대상 : 중학생 이상
- 예상 소요시간 : 3시간
- 수업 준비물 : 나무막대, 진자, 물비누, 테이프, 호버크래프트(또는 에어트랙), 컴퓨터 등

학습목표

1. 힘을 받은 물체의 운동과 갈릴레이의 아이디어를 이해한다.
2. 힘을 받은 물체의 운동을 알아보는 과정을 통하여 과학자의 연구형태와 사고과정을 학습한다.

현상제시

이 실험에서는 다음의 두 가지 사실로부터 물체에 힘이 계속하여 작용하지 않으면 멈춘다는 결론을 얻도록 상황을 설명해줄 필요가 있다.(관성의 개념이 없던 아리스토텔레스 시대의 사고방식)
- 물체에 힘이 작용하지 않는 경우 물체는 운동하지 않는다.
- 물체에 힘을 주어 운동을 시작하여도 물체는 결국 마찰력 때문에 멈추게 된다.

1. 다음의 몇 가지 실험을 보고, 물체가 어떤 운동을 하는지 적어보자.

실 험	관찰 사실로 운동 기술하기
탁자 위에 놓인 나무막대	움직이지 않고 정지해 있다.
쟁반 위에 놓인 나무막대를 밀었을 때	움직이다가 잠시 후 정지한다.
진자를 살짝 잡아당겨 운동시켰을 때	좌우로 진동하다가 진동하는 폭이 줄어들면서 멈춘다.
빗면 위에 구슬을 살짝 놓았을 때	쇠구슬이 굴러가는 속도가 점점 빨라지다가 나중에는 멈추게 된다.

1-1. 시간이 지나면 나무막대, 진자, 추는 결국 어떻게 되는가?

- 멈추어있는 상태(정지 상태)가 유지되거나, 운동을 멈춘다.

1-2. 운동을 기술한 것으로부터 힘의 특성을 논의하여 적어보자.

- 힘을 주지 않으면 물체는 움직이지 않는다.

2. 위 실험을 바탕으로 '힘과 운동'을 설명해보자.

- 물체에 힘이 계속 작용하지 않으면, 결국 물체의 운동은 지속되지 않는다(멈춘다).

탐 색

학생들이 원하는 실험의 형태로

3. 다음에 주어진 실험을 해보고, 물체가 어떤 운동을 하는지 생각해

보자.

실험을 구성하도록 자유롭게 놓아두되, 마찰력이 작아지면 물체의 운동이 지속되는 시간이 길어지는 결론에 도달하도록 지도한다.

[실험주제]

나무토막의 경주(나무토막 가장 멀리까지 보내기)

[준비물]

큰 쟁반, 나무토막, 자, 양초, 물, 비누 등

[실험과정]

1. 쟁반 위에 나무토막을 놓고 힘을 주어 민다.
2. 움직이던 나무토막이 어느 지점에서 멈추는지 위치를 확인한다.
3. 다른 실험 재료를 이용하여 나무토막을 더 멀리 보낼 수 있는 방법을 찾아 같은 실험을 반복한다.
4. 어떤 방법의 경우에, 얼마나 나무토막이 멀리까지 가는지를 기록한다.

3-1. 논의하여 찾은 방법에 따른 실험결과를 기록해보자.

실험방법		나무토막의 이동거리
방법 1	쟁반 위에서 나무토막을 밀었을 때	
방법 2		
방법 3		

자유롭게 실험할 수 있는 여건을 제공한다.

3-2. 나무토막의 경주에서 나무토막의 이동거리를 다르게 하는 요인은 무엇일까?

- 마찰력의 크기

4. 실험의 결과를 바탕으로 힘과 운동을 어떻게 설명할 수 있는지 토의하여 발표해보자.

- 마찰력이 작용하는 조건에서, 힘을 받은 나무토막은 운동을 곧

멈춘다. 마찰력을 줄이면 나무토막이 운동을 지속하는 시간이 길어지는 것으로 보아 마찰력이 없다면, 나무토막이 운동을 계속할 것 같다.

아이디어제시 (idea pool)

5. 지금까지의 활동을 통해 힘과 운동을 어떻게 설명하는 것이 좋을까?

- 외부에서 작용하는 힘에 의해 물체가 운동을 하게 되면 그 운동은 계속될 것이다.

탐구설계 (아이디어디자인)

6. 제시한 아이디어를 검증할 수 있는 실험은 어떤 방법으로 실시하면 좋을까? 실험방법을 정리해보자.

[실험 설계의 예]

- 마찰력이 작용하지 않는 실험도구의 사용
- 에어트랙이나 호버크래프트의 사용으로 실험 실시

우리가 살고 있는 공간에서 마찰이 없는 공간은 없으므로, 마찰력을 최소화시킨 에어트랙을 사용할 수 있음을 논의하게 한다.

에어트랙의 사용이 불가한 경우에는 호버크래프트를 이용하여 실험을 진행할 수도 있다.

결과분석 및 아이디어검증활동

7. 다음 실험을 위에서 정의한 운동으로 설명할 수 있을지 실험을 통하여 알아보자.

[실험주제]

에어트랙 위에서 나무토막은 어떤 운동을 할까?

[실험과정]

1. 작동하지 않는 에어트랙 위에서 나무토막을 밀어 운동을 관찰한다.
2. 에어트랙을 작동시킨 후, 같은 방법으로 나무토막을 밀어 운동을 관찰한다.

7-1. 실험을 통해 얻은 결과를 정리해보자.

① 에어트랙을 작동시킨 후 나무토막을 밀었을 때의 운동은 어떻게 되었나?

- 힘을 받은 나무토막이 계속 운동하였다.

② 에어트랙이 하는 역할은 무엇인가?

- 마찰력을 없애는 역할

7-2. 실험의 결과로 힘과 운동을 정리한다면 어떤 결론을 얻을 수 있을까?

- 힘을 받은 물체는 계속하여 운동을 한다.(마찰력이 없는 조건하에서 운동하는 물체는 계속 운동한다.)

아이디어확정

8. 지금까지의 활동을 통해 힘과 운동에 대하여 정리해보고, 발표해보자.

- 정지한 물체는 계속 정지해 있으려는 성질을 가지고 있고, 마찰이 없는 조건에서 운동하는 물체는 계속 운동한다.

아이디어적용 (일반화)

9. 앞에서 보았던 여러 가지 운동을 지금 정리한 힘과 운동으로 설명해보자.

실 험	운동 기술하기
탁자 위에 놓인 나무막대	힘을 받지 않았으므로 정지한 물체는 계속 정지해 있다.
쟁반 위에 놓인 나무막대를 밀었을 때	마찰력(접촉면과의 마찰)이 없다면 운동하는 나무막대는 운동을 계속한다.
진자를 살짝 잡아당겨 운동시켰을 때	마찰력(공기와의 마찰)이 없다면 진자는 좌우로 계속 진동한다.
빗면 위에 구슬을 살짝 놓았을 때	마찰력(접촉면과의 마찰)이 없다면 쇠구슬이 계속하여 굴러간다.

수업 마무리
이 시간을 통하여 배운 것은 힘과 운동을 설명해가는 과학자의 사고과정이었다. 다음과 같은 과정을 통하여 새로운 아이디어로부터 과학의 새로운 이론이 만들어지는 과정을 함께 공부하였다.
『현상제시 및 예상 → 탐색하기 → 새로운 아이디어제시 → 아이디어검증활동 → 아이디어확정 → 아디이어적용(일반화)』
새로운 문제에 부딪혔을 때, 지금 배운 과학자의 사고과정으로 문제를 풀어나갈 수 있을 것이다.

10. 수업 마무리

10-1. 수업의 진행과정 정리

- 현상제시 및 예상 → 탐색하기 → 새로운 아이디어제시 → 아이디어검증활동 → 아이디어확정 → 아디디어적용(일반화)

10-2. 힘과 운동에 대한 <과학자 소개>

과학자 소개

1) 처음 실험의 결론 : 아리스토텔레스의 운동에 대한 생각

아주 오랜 시간 동안 많은 사람들이 옳다고 믿었던 생각이다. 아리스토텔레스는 관성에 대한 생각을 하지 못했고, 힘은 접촉했을 때만 작용한다고 생각하였다.

2) 두 번째, 세 번째 실험의 결론 : 갈릴레이의 운동에 대한 생각

'일단 운동을 시작한 물체는 계속해서 운동하려는 특성을 가지고 있다.'라는 표현으로 관성에 대한 초기개념과 마찰력이 고려되어야 한다고 생각하였다. 갈릴레이는 아리스토텔레스 시대의 다른 사람과는 다른 아이디어로부터 힘과 운동에 관련된 새로운 발견을 하게 된다. 현재는 모든 과학수업에서 힘과 운동에 대한 뉴턴의 운동법칙을 배우고 있다. 뉴턴의 운동법칙이 만들어지게 된 출발점이 바로 갈릴레이의 아이디어다.

02 기체 분수 만들기

수업모델 아이디어산출형 – 시범보이기

이 수업은 일반적으로 알려진 과학적인 사실이나 원리들로부터 새로운 아이디어를 생성하거나 2가지 이상의 아이디어를 융합 또는 직관을 사용하는 과정이 포함된다.

『아이디어산출형의 수업과정』

현상제시 → 탐색 → 아이디어제시(idea pool) → 아이디어선별
↓
아이디어적용(일반화) ← 아이디어확정 ← 결과분석 및 아이디어검증활동 ← 탐구설계

수업개요

이 수업은 과학자의 연구형태 중 아이디어산출과 관련된 시범보이기로 학생들이 해결할 수 있는 정도의 과제를 제시하고 이를 통해 아이디어를 생성해 가는 과정을 습득하도록 구성되어 있다. 암모니아 기체 분수를 통하여 기체가 용해되고 용기 내 기체의 압력 변화에 따른 분수 현상의 원리를 파악하게 된다. 하지만 암모니아 기체의 자극적인 냄새로 인한 실험의 불편함을 인식하고 이를 개선할 수 있는 새로운 아이디어를 만들어 보도록 유도한다. 이때 학생들은 다양한 아이디어를 제시할 수 있고 자신의 아이디어를 구현할 수 있는 실험을 설계하고 수행하도록 한다. 이로써 기존의 아이디어를 대체하고(substitute), 불필요한 부분을 제거하며(eliminate), 다른 용도로의 변용(put to other use)하는 창의적인 아이디어 생성의 기초를 훈련할 수 있다.

수업안내

- 수업 대상 : 중학생 이상
- 예상 소요시간 : 2시간
- 수업 준비물 : 둥근바닥플라스크, 삼각플라스크, 암모니아수, 유리관, 페놀프탈레인 용액, 기타 본문 참조

학습목표

1. 기체의 용해와 압력 변화를 이용하여 기체 분수를 만들 수 있다.
2. 암모니아 기체 분수의 단점을 개선하여 새로운 기체 분수를 만들어가는 과정에서 과학자의 연구형태와 사고 과정을 학습한다.

현상제시

1. 다음 실험에서 나타나는 현상을 관찰해보자.

> 관찰한 현상이나 궁금한 내용을 적어 보도록 유도한다.

① 스탠드에 물기가 없는 100mL 삼각플라스크를 거꾸로 세워놓고 클램프로 고정시킨다.
② 시험관에 암모니아수 10mL를 넣고 유리관을 연결한 실리콘마개로 막은 후 가열하여 암모니아 기체가 발생하도록 한다.
③ 삼각플라스크에 발생한 암모니아 기체를 모아 막아둔다.
④ 풍선에 5~10mL의 물을 넣고 고무줄로 풍선 주둥이 부분을 묶는다.
⑤ 플라스크에서 마개를 제거하고 재빠르게 풍선의 주둥이를 열어 입구를 덮는다.
⑥ 풍선을 똑바로 잡아 풍선 속의 물이 플라스크로 쏟아져 들어가도록 한다.

> 산소캔을 이용하여 산소를 플라스크에 모으고 물이 들어있는 풍선을 연결하여 비교 실험을 할 수 있다.

1-1. 위의 실험에서 풍선의 변화를 관찰해보자.

- 풍선이 플라스크 안쪽으로 빨려 들어가 플라스크에 풍선이 채워진다.

1-2. 풍선의 변화를 통하여 알 수 있는 것을 모두 적어보자.

- 플라스크 안을 채우고 있던 암모니아 기체는 물에 잘 녹는 성질을 가지고 있다.
- 암모니아 기체가 물에 녹아 플라스크 안의 기체의 압력이 대기압보다 작아진다.
- 기체의 압력이 큰 쪽에서 작은 쪽으로 힘이 작용한다.

탐 색

문제인식

2. 암모니아 기체의 성질을 이용하여 분수를 만들어 보자.

각 과정을 탐색하고, 그러한 과정을 수행하는 이유와 원리에 대하여 설명해보도록 한다.

[과정 1]

스탠드에 물기가 없는 둥근바닥플라스크를 거꾸로 세워 놓고 클램프로 고정시킨다.

왜 물기 없는 둥근바닥플라스크를 사용할까?

- 암모니아 기체가 물에 대한 용해성이 크므로 기체 상태로 모으기 어렵기 때문이다.

[과정 2]

시험관에 암모니아수 10mL를 넣고 유리관을 연결한 실리콘 마개로 막은 후 가열하여 암모니아 기체를 발생시키고 둥근바닥플라스크에 상방치환으로 모은다.

왜 상방치환으로 모으는 걸까?

- 암모니아 기체가 공기보다 밀도가 작기 때문이다.

[과정 3]

암모니아 기체가 다 찼으면 스탠드에 플라스크를 세우고 페놀프탈레인이 들어있는 물에 유리관이 잠기도록 장치를 만든다.

둥근바닥플라스크에 기체가 꽉 찼는지 확인하려면 어떤 방법이 좋을까?

- pH시험지를 둥근바닥플라스크 입구에 대어보아 염기성 기체인 암모니아가 입구까지 꽉 차 있는지 확인한다.

[과정 4]

스포이드를 살짝 눌러 물을 플라스크 속으로 넣는다. 플라스크 속에서 일어나는 현상을 잘 관찰하고 기록해보자.

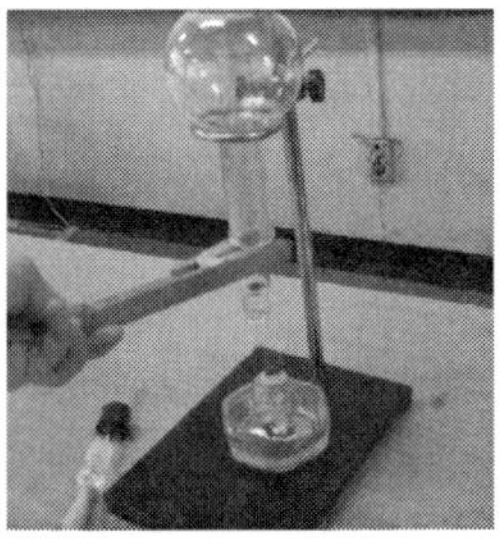

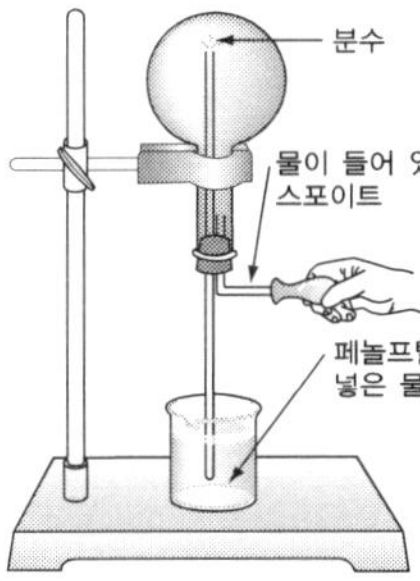

- 유리관으로부터 물이 솟아올라 둥근바닥플라스크 안에서 붉은색의 분수 현상을 볼 수 있다.
- 아무런 변화가 없다. 또는 유리관으로 페놀프탈레인을 넣은 물이 위로 올라가다 멈춘다.

왜 관찰한 결과와 같은 현상이 일어났을까?

- 암모니아 기체가 플라스크 내부에 가득 채워져 있을 때는 기체 내부 압력이 컸으나, 소량의 물의 첨가하면 암모니아의 물에 대한 용해성 때문에 암모니아 기체가 녹아들어가 부피가 급속히 감소하고 내부 압력이 작아지므로 비커의 물이 상승하면서 분수현상을 일으키게 된다.

아무런 변화가 일어나지 않았다면 그 이유는 무엇일까?

- 실험 기구의 연결부위에서 기체나 액체가 새었을 경우, 기체를 포집하는 용기가 너무 작아 충분한 양의 기체를 포집하지 않았을 경우 기체의 부피나 압력의 급격한 변화를 유도할 수 없어 분수 현상이 일어나지 않았고, 짧은 시간에 기체가 용해되어 분수 현상을 관찰하기 어려웠다. 등

실험에 대한 다양한 답이 나올 수 있으므로 이를 수용하고 그러한 답을 하게 된 원인을 찾아보도록 유도한다.

> 제시된 기존의 실험이 가진 불편한 것과 개선해야 할 것들에 대하여 자유롭게 의견을 제시해보도록 유도한다.

3. 암모니아 분수 만들기 활동을 하면서 나타난 문제점은 무엇인가? 또 가장 불편하다고 생각되는 것은 무엇인가?

- 암모니아 기체를 주입할 때 유독하고 지독한 냄새가 난다, 암모니아 기체의 포집이 불편하다, 암모니아 기체가 보이지 않아 플라스크 안의 기체 압력이 얼마인지 확인하기가 어렵다 등 다양한 의견 제시

현상의 원리 파악

> 시범보이기에서 기본 원리의 이해는 새로운 아이디어를 만드는 단초가 되므로 중요한 과정이다. 그러므로 실험의 기본원리를 파악하여 설명해보도록 한다.

4. 이 실험의 결과로부터 암모니아 분수 실험의 과학적 원리를 유추해보자.

- 기체의 물에 대한 용해성을 이용하여 용기 안의 압력을 낮춤으로써 분수 현상이 나타난다.

5. 암모니아 기체 분수의 원리를 이용하여 암모니아 기체를 대체할 새로운 기체 분수를 만들고자 할 때, 기본 원리로 알아야 할 것은 무엇일까?

- 플라스크 안에 충분한 양의 기체가 있어야 한다.
- 기체를 녹일 수 있는 물질이 있어야 한다.
- 플라스크 안의 기체가 녹아 내부 압력이 감소하여 대기압보다 작아져야 한다.

아이디어제시 (idea pool)

> 아이디어산출형이 문제해결형과의 차이를 경험할 수 있는 단계로 열린 형태의 다양한 아이디어를 만들어가는 것이다. 따라서 학생의 다양한 생각을 긍정적으로

6. 새로운 분수 실험에 대한 아이디어를 제안해보자.

① 물에 대한 용해도가 큰 기체의 종류와 제조 방법
② 다른 용매에 대한 용해도가 큰 기체의 종류와 제조 방법

③ 발생된 기체가 참여하는 화학 반응 등에 대한 자료를 찾아 구상해본다.

수용하면서 제시된 아이디어에 논리 및 경험적 오류가 생기지 않도록 유도하는 것이 중요하다.

참고자료

6-1. 암모니아와 유사하게 물에 대한 용해성이 큰 기체는 어떤 것들이 있을까?

- 염화수소, 이산화황 등

6-2. 이들 기체를 발생시키는 방법을 알아보자.

- 염화수소 : 염화나트륨에 진한 황산을 넣고 가열하여 제조
  이산화황 : 황을 연소시켜 제조

6-3. 기체를 발생시키는 데 문제점은 무엇일까?

- 염화수소나 이산화황 기체들은 유독하여 제조 과정에서 위험한 요소가 많다.

6-4. 용매에 대한 용해성이 큰 기체는 어떤 것들이 있을까?

- 아세틸렌 : 아세톤에 대한 용해성이 큼
  염소 : 사염화탄소에 대한 용해성이 큼

6-5. 이들 기체를 발생시키는 방법을 알아보자.

- 아세틸렌 : 칼슘카바이드(CaC_2)와 물을 반응시켜 제조
  염소 : 소금물을 전기분해시켜 제조

6-6. 기체를 발생시키는 데 문제점은 무엇일까?

- 아세틸렌 제조 시 칼슘카바이드와 물의 반응이 매우 격렬하여 위험할 수 있음
- 염소 기체의 유독성 때문에 흡입할 경우 인체에 해롭다.

인터넷이나 문헌 자료 검색을 통해 아이디어의 기초자료를 수집할 수 있다.

학생들이 제안한 아이디어에 따라 단계적으로 과정이 진행될 수 있다. 학생들이 스스로 아이디어를 완성해 간다면 단계적 과정은 필요하지 않을 수 있다.

문제를 해결하기 위한 방안에 대한 논의도 함께 이루어질 수 있도록 한다.

6-7. 안정한 화학 반응을 통해 기체를 발생시키고, 기체의 압력을 줄일 수 있는 경우에 대하여 알아보자.

- 이산화탄소의 발생과 수산화나트륨 용액의 반응 등
  $NaHCO_3(s) + CH_3COOH(aq) \rightarrow CH_3COONa(aq) + H_2O + CO_2\uparrow$
  $2NaOH(aq) + CO_2(g) \rightarrow Na_2CO_3(aq) + H_2O$

6-8. 이들 기체를 발생시키는 방법을 알아보자.

- 물에 알카셀처정을 용해시켜 제조
- 탄산수소나트륨과 산의 반응을 이용한 제조
- 탄산칼슘과 염산의 반응을 이용한 제조 등 다양한 방법을 제안

6-9. 기체를 발생시키는 데 문제점은 무엇일까?

- 기체를 제조하는 과정이나 기체의 압력을 줄이는 화학 반응이 비교적 안정하다.

아이디어선별

7. 모둠원들이 제안한 아이디어들에 대하여 토의하고 실험실에서 구현 가능한 적절한 아이디어로 통합하거나 수정해보자.

- 이산화탄소와 수산화나트륨 용액의 반응 등

탐구설계 (아이디어디자인)

8. 모둠별로 결정된 아이디어로부터 새로운 기체 분수에 대한 실험과정을 설계해보자.

학생들은 다양한 방법을 제안할 수 있고 이것을 실험실 상황에 맞게 구성하도록 한다.

① 40cm 고무관을 250mL 플라스크에 넣고 다른 한쪽은 500mL 둥근바닥플라스크에 위치시킨다.
② 250mL 플라스크에 약 25mL 물을 넣고 알카셀처 2정을 넣은 후 고무마개로 닫는다.
③ 500mL 둥근바닥플라스크에 유리관을 거의 바닥에 닿을 정도로 위치시키고 30cm 고무관을 끼운 후 마개를 닫는다.
④ 둥근바닥플라스크를 CO_2로 가득차게 되면 NaOH 수용액을 넣는다.
⑤ 재빨리 고무마개를 닫고 핀치콕을 사용해 고무관으로 CO_2가 빠져나가지 않도록 한다.
⑥ 둥근바닥플라스크를 링 스탠드에 조심스럽게 뒤집어 놓는다.
⑦ 500mL 비커에 400mL 물과 소량의 BTB 지시약을 넣은 후 둥근바닥플라스크의 아래쪽에 놓고, 고무관이 비커에 잠기게 한다.

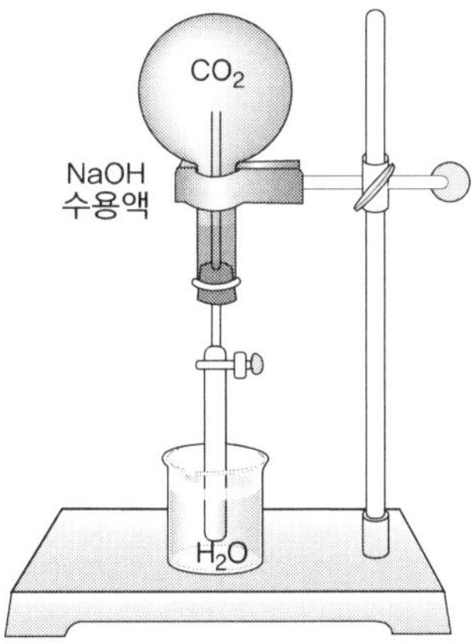

⑧ 몇 분 후, 핀치콕을 열어 플라스크 속에서 일어나는 변화를 관찰한다.

결과분석 및 아이디어검증활동

학생들이 제안한 아이디어를 실험으로 옮기는 과정에서 발생하는 문제점을 해결하도록 도와준다.

발생하는 문제점들은 모둠별 수행 상황에 따라 다양하게 나타날 것이다.

다양하게 발생하는 문제점들은 그 원인을 찾아보고 해결방안을 토의를 통해 정교화시킨 후 적용한다.

9. 설계한 실험과정대로 새로운 분수 만들기 실험을 수행해보자.

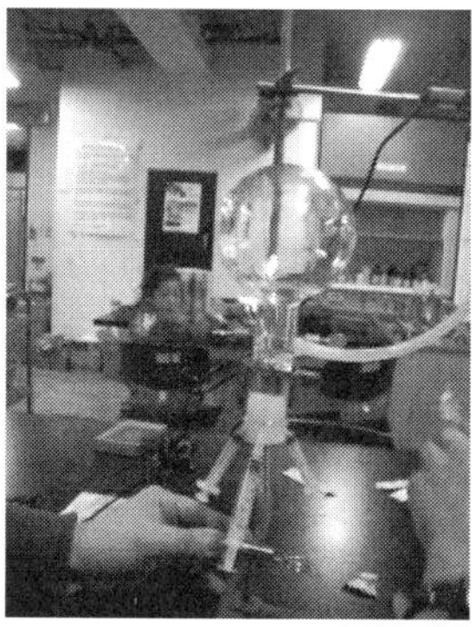

아이디어 풀(idea pool)을 활용하여 다각도로 문제에 접근하고 해결 방법을 찾도록 유도한다.

10. 설계한 실험과정대로 수행할 때 발생하는 문제점은 무엇인가?

실험 수행 중 주의해야 할 사항이나, 실험에 필요한 기술적 방법 등에 대하여 항목별로 정리하도록 한다.

11. 문제점을 해결하기 위해서는 어떻게 해야 할까?

아이디어확정

12. 새로운 기체 분수 만들기 실험의 원리를 설명해보자.

- 알카셀처정이 물에 녹으면서 발생하는 이산화탄소를 수산화나트륨 용액과 반응시킴으로써 용기 내에 기체의 압력이 감소하게 되는 원리를 이용하여 분수 현상이 일어난다.

13. 실험과정 중 발생한 문제점들과 원인을 규명하고 문제점을 해결하는 과정에서 알아낸 사실이나 실험에 유용한 자신만의 Know–how를 정리해보자.

아이디어적용 (일반화)

14. 모둠별로 완성한 새로운 분수 만들기 실험에 대하여 안내하는 프리젠테이션 자료를 만들어보자.

발표를 통해 다른 동료의 아이디어를 수용하며 기체 분수를 구성함에 있어 충족되어야 할 조건이 무엇인지 찾아보도록 한다.

15. 기체 분수 만들기 발표에서 제안된 분수들의 특징을 정리해보고, 기체 분수를 구성할 때 고려해야할 필수적인 조건에 대하여 논의해보자.

발표된 여러 가지 기체 분수에서 기체의 존재와 압력 변화라는 공통 요소를 추출하여 정리함으로써 기체 분수에 대한 일반화를 유도한다.

- 암모니아 기체 분수
  이용된 기체 : 암모니아
  특성 : 암모니아가 물에 녹아 플라스크 안의 압력이 낮아짐

과학자들은 자신이 가진 아이디어를 구체화하여 발표하고 논의 과정을 통하여 동체와 의사소통한다. 따라서 발표와 토론 과정이 과학자의 연구과정의 한 과정임을 인식하도록 한다.

- 이산화탄소 기체 분수
  이용된 기체 : 이산화탄소
  특성 : 이산화탄소가 수산화나트륨 수용액에 녹아 플라스크 안의 압력이 낮아짐
- 수증기 분수
  이용된 기체 : 수증기
  특성 : 수증기가 물로 액화되면서 플라스크 안의 압력이 낮아짐

따라서 기체 분수는 플라스크 안에 기체가 있고, 이 기체의 압력이 낮아질 수 있도록 해야 한다.

참고자료

기체 분수의 플라스크 내 압력변화는 MBL을 이용하여 측정할 수 있다. 다음은 MBL Kit 중 압력센서를 이용한 암모니아 분수와 이산화탄소 분수의 압력 변화 자료이다.

[암모니아 분수]

[이산화탄소 분수]

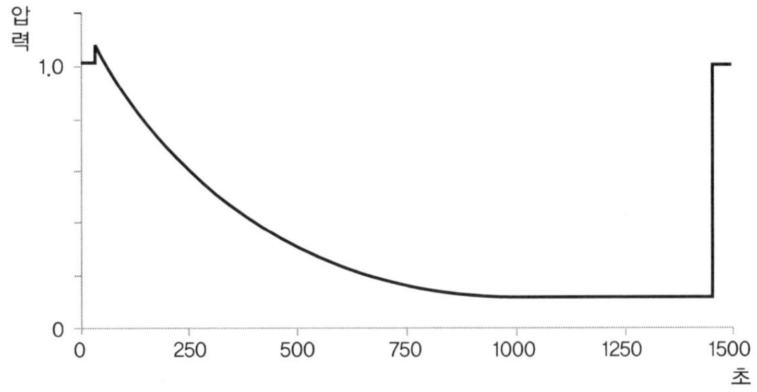
압력
1.0
0
0
250
500
750
1000
1250
1500
초

03 나의 DNA를 만나볼까!

수업모델 아이디어산출형 – 시범보이기

이 수업은 아이디어산출형으로 구성되어 있다. 아이디어산출형은 과학자들이 자연의 기본 원리를 파악하고 이를 적용하는 과정으로, 새롭고 보다 나은 것을 얻어내려는 과학자의 연구형태이다. 여기에는 일반적으로 알려진 과학적인 사실이나 원리들로부터 새로운 아이디어를 생성하거나 2가지 이상의 아이디어를 융합 또는 직관을 사용하는 과정이 포함된다.

『아이디어산출형의 수업과정』

현상제시 → 탐색 → 아이디어제시(idea pool) → 아이디어선별
↓
아이디어적용 (일반화) ← 아이디어확정 ← 결과분석 및 아이디어검증활동 ← 탐구설계

수업개요

이 수업은 과학자의 연구형태 중 아이디어산출과 관련된 시범보이기로 학생들이 해결할 수 있는 정도의 과제를 제시하고 이를 통해 새로운 아이디어를 생성해가는 과정을 습득하도록 구성되어 있다. 나의 모든 형질을 결정하는 유전정보를 담고 있는 DNA를 구강 세포로부터 뽑아내는 과정을 통해 DNA 추출에 필요한 세포의 특성과 추출 과정의 원리를 이해하게 된다. 각 단계의 원리를 숙지한 후 이를 대체할 수 있는 다양한 대안을 생각하도록 하여 DNA 추출을 위한 새로운 아이디어를 제시하게 한다. 원래의 방법보다 쉽고 간편하게 DNA를 추출할 수 있도록 자신의 아이디어를 구현할 수 있는 실험을 설계하고 수행하도록 한다. 이로써 기존의 아이디어를 대체하고(substitute), 불필요한 부분을 제거하는(eliminate) 창의적인 아이디어 생성의 기초 훈련을 익힐 수 있다.

수업안내

- 수업 대상 : 중학생 이상
- 예상 소요시간 : 3시간
- 수업 준비물 : 기타 본문 참조

학습목표

1. 구강 세포의 DNA 추출의 원리를 이해한다.
2. 기존의 방법보다 간편하게 DNA를 추출하는 아이디어를 알려진 과학적 지식을 바탕으로 사고하여 본다.

현상제시

1-1. 나의 모든 형질을 결정하는 유전정보는 세포 속의 DNA에 들어있다. 나의 DNA를 추출하려면 어떤 특성을 가진 세포를 이용하는 것이 좋을지 생각해보자.

- 몸에서 쉽게 분리할 수 있는 세포여야 한다.
- 핵이 큰 세포이면 좋을 것 같다.

1-2. 그런 특성을 가진 세포에는 어떤 종류가 있을까?

- 혈액 세포, 구강 세포, 정자, 난자 등

사람은 약 60조 개의 세포로 구성되고 세포의 핵 속에 모든 형질을 결정하는 DNA가 염색체를 이루고 있음을 그림자료로 제시하여 DNA의 위치를 정리해준다.

동물 세포 관찰에 주로 이용되며 손쉽게 얻을 수 있는 세포가 무엇인지 생각해보게 한다.

다음은 구강 세포의 DNA를 추출하는 과정이다.

구강세포 DNA 추출과정
1. 깨끗한 물을 입에 머금고 1분 정도 세게 가글링한다.
2. 가글링한 용액을 종이컵에 뱉은 후 그 중 3mL를 15mL 튜브에 담고, 8% 소금물 0.5mL를 넣는다.
3. 여기에 4배로 희석한 세제 3mL를 넣는다.
4. 뚜껑을 닫고 위아래로 아주 천천히 2~3회 섞은 후, 55 ~ 60°C의 항온 수조에 30분간 넣어둔다.
5. 튜브를 꺼내 약 5분간 얼음에 넣어 식힌 후, 차가운 에탄올(95%) 6mL를 튜브의 벽면을 타고 층이 생기게 넣는다.
6. 튜브를 바로 세워두고 약 1분간 일어나는 변화를 관찰한다.
7. 이쑤시개 또는 유리 막대를 넣어 부드럽게 회전시켜보자.

이때 관찰되는 흰색의 고체는 DNA라기 보다는 변성된 단백질이고, 그 속에 보이지 않는 DNA가 엉겨있다. 흰색 고체 속에 DNA뿐 아니라 단백질도 함께 섞여 있다.

최초의 DNA 추출은 누가?

[프리드리히 미셔 : (1844~1895) 스위스 생화학자 생리학자]

세포핵에 특히 관심이 많았던 미셔는 근처 병원에서 버린 붕대를 주워 모아 거기에 묻은 고름에서 백혈구를 얻어 핵을 뽑아내었다. (백혈구는 다른 세포와 달라 핵이 크고 세포질이 적다.) 이 핵을 분석한 결과 인의 함량이 높고 분자량이 큰 산성 물질을 발견(1869년)하였고 핵 속의 물질이란 뜻에서 '핵질(nuclein)'이라 명명하였다. 1870년 연어의 정자에서 순수한 DNA를 뽑아내는 데 처음으로 성공하였다. (동물의 정자는 핵이 대단히 큰데 특히 연어는 더욱 그렇다.)

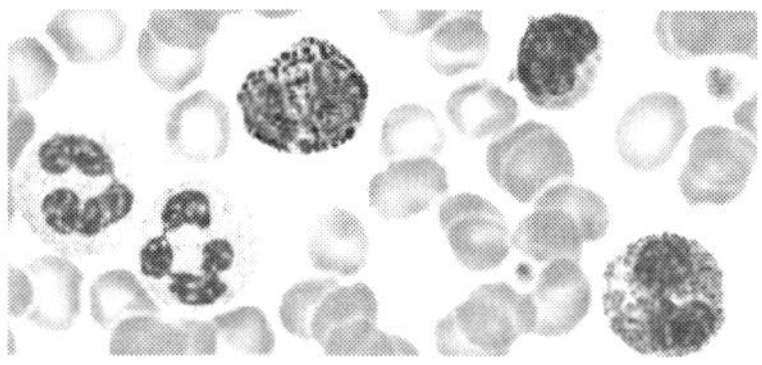

[여러 가지 종류의 백혈구]

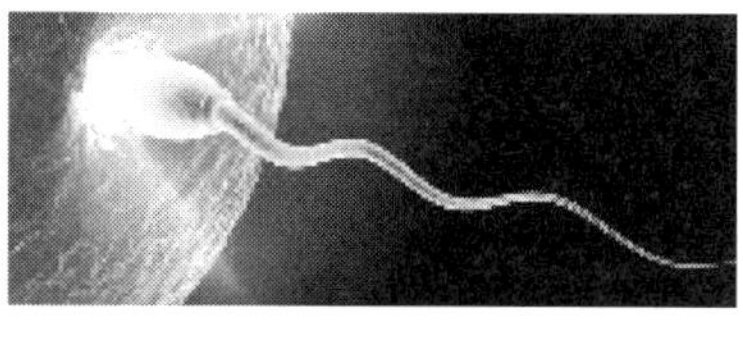

[사람의 정자]

탐 색

2. 각 단계의 원리가 무엇인지 생각하면서, 제시된 방법대로 나의 구강 세포의 DNA를 추출해보자.

2-1. 가글링한 용액에는 구강 세포가 많이 들어있다. 여기에 8%의 소금물을 넣는 이유는 무엇일까?

- 떼어낸 구강 세포가 갑자기 터져 DNA가 손상되는 일이 없도록 가글링한 용액을 세포와 등장액으로 만들어주어 세포를 안정화 시킨다.

2-2. 떼어낸 세포에서 DNA를 추출하려면 세포의 어떤 부분을 통과해야 할까?

- 핵막, 세포막

2-3. 희석한 세제를 넣어주는 이유를 생체막의 특성과 연관지어 생각해보자.

- 핵막과 세포막의 성분인 지질을 분해하여 DNA가 밖으로 나오게 한다.

2-4. 세제를 넣고 난 후 위아래로 섞어주는 이유는 무엇일까?

- 세제와 구강 세포가 골고루 반응할 수 있도록 하기 위해서

2-5. 이때 천천히 섞어주어야 하는 이유를 DNA의 특성과 연관지어 생각해보자.

- DNA는 매우 길므로 세게 섞으면 쉽게 끊어질 수 있기 때문

세포의 핵 안에 들어있는 DNA가 밖으로 나오려면 어떤 과정을 거쳐야 할 지 각 과정을 단계별로 탐색하고 원리와 이유를 설명해보게 한다. 시범보이기에서 기본 원리에 대한 명확한 이해는 새로운 아이디어를 제안할 단서가 되므로 충분히 숙지할 수 있도록 한다.

2-6. 55 ~ 60°C의 항온 수조에 30분간 처리하는 이유는 무엇일까?

- 세포질에 있던 단백질(DNA 분해 효소)에 의해 DNA가 손상되는 것을 방지하기 위해서 단백질을 변성시키려고

2-7. 현재 튜브 안에는 세포 밖으로 나온 DNA가 풀어진 상태로 존재하므로 눈에 보이지 않는다. DNA가 눈에 보이는 형태로 되려면 어떤 과정을 거쳐야 할까?

- DNA 분자끼리 응축시켜주어야 한다.

2-8. 에탄올의 역할은 무엇일까?

- DNA 분자 사이에 들어있는 물분자를 탈수시켜 DNA 분자끼리 응축되게 한다.

2-9. 차가운 에탄올을 넣는 이유는 무엇일까?

- 온도가 낮으므로 응축이 더 잘 일어나게 한다.

2-10. 추출한 DNA의 모습을 그리고 설명해보자.

추출한 DNA 그림	그림 설명

아이디어제시 (idea pool)

3-1. DNA 추출 실험에 필요한 준비물을 모두 적어보자.

[준비물]

생수, 종이컵, 8% 소금물, 4배 희석 세제, 차가운 에탄올, 일회용 스포이드, 15mL 튜브, 항온 수조, 타이머

3-2. 이 중 쉽게 구하지 못할 준비물이 있는가?

- 항온 수조

3-3. 이 기구는 어떤 과정에서 필요한지 생각해보고 이를 대신할 수 있는 방법에 대한 아이디어를 모둠원들과 함께 제시해보자.

필요한 과정	단백질 변성과정
아이디어 1	알코올램프를 켰다 껐다를 반복하며 온도를 맞추어 준다.
아이디어 2	pH를 변화시킨다.
아이디어 3	단백질을 응고시켜 고기를 연하게 하는 배즙, 파인애플, 키위 등을 이용한다.

중학교에서 손쉽게 구할 수 없는 기구가 있다면 이를 대체할 수 있는 다른 간편한 방법이 없는지 자유롭게 토의하여 의견을 제시하도록 유도한다.

3-4. 세포 내부와 같은 등장액을 만들기 위해서 8%의 소금물을 넣어주었다. 소금물 대신 어떤 용액을 이용할 수 있을지도 생각해보자.

- 설탕물

3-5. 이 외에 다른 단계에도 대체할 새로운 방법이 있다면 모두 적어보자.

기존의 방법	새로운 방법

가능한 한 모든 단계에서 기존의 방법을 대체할 수 있는 다양하고 새로운 아이디어를 적극적으로 제시하게 함으로써 기존의 방법에 대한 대안을 찾을 수 있도록 하는 것이 아이디어제시과정의 특징이다.

아이디어선별

4. 모둠원들이 제안한 여러 가지 아이디어들 중 DNA 추출에 가장 간편하고 적절한 방법을 선정해보자.

- 단백질 변성과정에는 시중에 판매되는 파인애플(배, 키위) 주스를 이용한다.
- 소금물 대신 설탕물을 이용한다.

탐구설계 (아이디어디자인)

5. 모둠별로 결정된 아이디어로부터 DNA 추출을 위한 실험과정을 설계해보자.

새로운 DNA 추출과정	
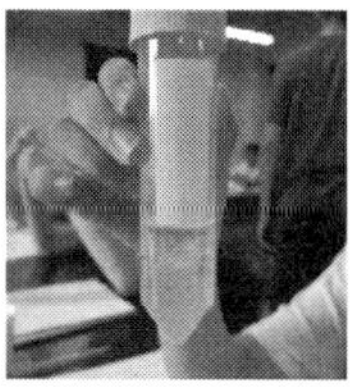 [추출한 DNA 모습]	

제안한 아이디어에 따라 각 단계별로 독립변인, 종속변인, 통제변인에 맞게 실험을 설계하고, 수행함으로써 학생들 스스로 실험과정을 잘 파악할 수 있도록 한다.

실험 중 주의해야 할 점도 함께 생각하여 정리해두게 한다.

[실험설계의 예] 새로운 DNA 추출과정설계
1. 깨끗한 물을 입에 머금고 1분 정도 세게 가글링한다.
2. 가글링한 용액을 종이컵에 뱉은 후 그 중 3mL를 15mL 튜브에 담고, 8%(or 16%) 설탕물 0.5mL를 넣어준다. (농도에 따라 추출되는 DNA 양을 비교해본다.)
3. 여기에 4배로 희석한 세제 3mL를 넣는다. (2배, 8배로 배수를 달리하여 비교해본다.)
4. 뚜껑을 닫고 위아래로 아주 천천히 2~3회 섞은 후, 파인애플, 배즙, 키위주스를 용액과 동량으로 각각 넣는다.
5. 튜브를 꺼내 약 5분간 얼음에 넣고 식힌 후, 차가운 에탄올(95%) 12mL를 튜브의 벽면을 타고 층이 생기게 넣는다. (파인애플 주스 분량 만큼 에탄올도 더 많이 넣는다.)
6. 약 1분간 튜브를 바로 세워두고 일어나는 변화를 관찰한다.
7. 이쑤시개 또는 유리 막대를 넣어 부드럽게 회전시켜보자.

결과분석 및 아이디어검증활동

6-1. 모둠원과 함께 설계한 방법대로 DNA 추출 실험을 수행해보자.

6-2. 실험결과 DNA 추출에 가장 좋은 조건을 찾아보자.

기존의 방법	새로운 방법
8% 소금물	
55 ~ 60°C 항온 수조 30분	
4배 희석 세제	

실험을 수행하는 과정에서 발생하는 문제를 모둠 안에서 스스로 해결해갈 수 있도록 모둠원들과 함께 원활한 협력과 토의가 이루어지게 한다.

실험을 통해 여러 가지 대안들을 제안하고 모둠별로 발표하게 하여 다른 모둠의 의견도 수용하게 하고 가장 좋은 방법이 무엇인지도 생각해보게 한다.

아이디어확정

7-1. 구강 세포는 동물 세포이다. 식물 세포의 DNA 추출도 같은 방법으로 할까? 동·식물 세포의 차이점을 근거로 생각해보자.

식물 세포의 DNA 추출에서의 다른 점과 공통점을 찾아 정리함으로써 아이디어의 일반화를 유도한다.

식물 세포의 특성	식물 세포 DNA 추출 시 유의해야 할 점
세포벽, 액포, 엽록체	세포벽을 제거해야 한다.

7-2. 이를 고려하여 새로운 방법으로 식물 세포의 DNA를 추출해보자. (예 브로콜리, 딸기....)

아이디어적용 (일반화)

자신의 연구결과를 정리하여 발표하는 것도 과학자의 연구과정이므로 홍보용 광고지를 만들어 과학자처럼 발표하는 경험을 만들어준다.

8. 새로운 아이디어로 만들어진 DNA 추출 방법이 기존의 방법과 비교하여 어떤 장점을 갖는지 조별 포스터를 만들어 발표해보자.

04 우리 몸에 숨겨진 원리

수업모델 아이디어산출형 – 교수적도움

이 수업은 과학자의 연구형태 중 아이디어산출형으로 진행된다. 인간이 외부 자극에 대해 어떻게 반응하는지를 알아볼 수 있는 다양한 아이디어를 학생들이 제시하고, 제시된 아이디어 중 실현 가능성 및 측정 가능성을 고려하여 하나의 아이디어를 선별한 후, 탐구를 수행하여 아이디어를 검증해 볼 수 있도록 구성된다.

『아이디어산출형의 수업과정』

현상제시 → 탐색 → 아이디어제시(idea pool) → 아이디어선별
(아이디어제시(idea pool) → 탐색)
↓
아이디어적용(일반화) ← 아이디어확정 ← 결과분석 및 아이디어검증활동 ← 탐구설계

수업개요

우리 인간은 주위의 여러 자극들에 대해 다양한 반응을 보이며 산다. 시각계, 청각계, 후각계, 미각계, 촉각계 등의 감각기관은 빛, 소리, 화학물질, 온도, 압력 등의 자극을 받아들여 정보를 처리함으로써 다양한 반응을 나타낸다. 이때, 인간이 느끼는 반응은 과연 자극과 어떤 연관관계를 가지고 있을까? 이를 알아보기 위해 학생 스스로가 아이디어를 제시하여 관측 가능한 실험을 설계하고, 그 실험을 통하여 자극에 대한 인간의 반응이 로그함수를 취함을 알게 한다. 이는 인간이 자극이 약할 때에는 다음의 자극이 조금만 강해도 자극의 변화를 느낄 수 있으나, 처음의 자극이 강한 경우에는 약할 때의 증가율에 비례하여 상당히 큰 자극이 가해져야 그 크기의 변화를 느낄 수 있다는 베버의 법칙과 S(반응) = $k \log R$(자극)이라는 자극과 반응의 함수를 제시한 페히너의 법칙과 관련된다.

수업안내

- 수업대상 : 고등학생 이상
- 예상 소요시간 : 3시간
- 수업 준비물 : 고무줄, 녹음 가능한 컴퓨터, cooledit 프로그램, 다양한 악기, 기타 본문 참조

학습목표

1. 인간의 자극과 반응의 관계를 알아볼 수 있는 실험 아이디어를 제시하고, 그 아이디어를 통해 자극과 반응의 관계식을 만들 수 있다.
2. 아이디어를 제시하고 선별하는 과정에서 과학자의 연구형태와 사고과정을 학습한다.

현상제시

1. 외부에서 주어지는 자극에 대해 인간은 어떻게 느끼고 반응하는지 다음 활동을 해보자.

1-1. 고무줄을 2cm, 4cm, 6cm로 늘려 친구의 손등에 쏘아보자. 고무줄의 길이(외부 자극)가 길어질수록 아픔을 느끼는 정도(반응 정도)는 어떻게 되는가?

- 고무줄이 길어질수록 더 아프게 느낀다.

1-2. 책상을 손으로 약하게 쳐보고, 소리를 들어보자. 다음에는 책상을 손으로 강하게 쳐보고, 소리를 들어보자. 책상을 손으로 친 강도(외부 자극)와 느껴지는 소리의 크기(반응 정도)는 어떤 관계가 있는가?

- 책상을 강하게 칠수록 소리가 크게 들린다.

탐 색

2. 외부에서 주어지는 자극의 강도를 점차 올리거나 낮추면 인간이 느끼는 반응의 정도는 어떻게 변할지 예상해보자.

학생들이 자유롭게 예상할 수 있도록 해주고, 옳고 그름에 대한 피드백을 주지는 않는다.

2-1. 고무줄이 손등에 가하는 충격의 강도를 계속 높여 나간다면, 인간이 느끼는 아픔의 정도는 어떻게 달라질까?

- 손등에 가하는 충격의 강도를 높일수록, 인간이 느끼는 아픔의 정도도 계속 높아진다.
- 손등에 가하는 충격의 강도를 높이면, 일정 수준의 충격까지는 아픔의 정도가 비례하여 증가하다가 너무 큰 충격에는 감각을

잃어버린다.
- 일정 수준의 충격까지는 비례하여 아픔을 느끼다가 일정 수준 이상의 충격에서는 모두 같은 아픔을 느낀다.

2-2. 고무줄이 손등에 가하는 충격의 강도를 계속 줄여 나간다면, 인간이 느끼는 아픔의 정도는 어떻게 달라질까?

- 손등에 가하는 충격의 강도를 낮출수록, 인간이 느끼는 아픔의 정도도 계속 낮아진다.
- 손등에 가하는 충격의 정도가 매우 낮아지면, 인간이 느끼지 못하는 지점이 있을 것이다.

2-3. 위의 결과를 바탕으로 외부에서 주어지는 자극의 강도와 인간이 느끼는 반응의 정도는 어떤 관계가 있을지 예상해보자.

- 외부에서 주어지는 자극의 강도를 높이면, 인간이 느끼는 반응의 정도도 비례하여 증가한다.
- 외부에서 주어지는 자극의 강도를 높이면, 일정 수준의 자극까지는 반응의 정도가 비례하다가 일정 수준 이상의 자극에서는 반응이 일정하게 나타난다. 또는, 반응을 느끼지 못하게 된다.

아이디어제시 (idea pool)

3. 외부에서 주어진 자극에 대한 인체의 반응 정도를 알아볼 수 있는 실험 아이디어를 생각해보고, 모둠별로 발표해보자.

- 빛의 세기에 따라 인간이 느끼는 밝기의 정도를 실험해본다.
- 소리의 진폭에 따라 소리의 세기를 실험해본다.
- 소리의 진동수에 따라 소리의 높낮이의 변화를 실험해본다.
- 온도에 따라 피부의 춥고 더움의 정도를 비교해본다.
- 외부에서 가하는 압력의 정도에 따라 아픔의 정도를 비교해본다.

학생들이 아이디어를 제시하는 것을 어려워할 경우, 인간이 느끼는 자극의 종류와 감각기관, 인간이 느끼는 반응에 대해 아래처럼 생각해보도록 한다.

자극 – 감각기관 – 반응
빛의 세기 – 눈 – 밝기로 느낌
음파의 진폭 – 귀 – 소리의 세기
음파의 진동수 – 귀 – 소리의 높낮이
기체화학물 – 코 – 향기의 강도

액체화학물 – 혀 – 맛의 강도
온도 – 피부 – 춥고 더움
압력 – 피부 – 아픔의 정도

아이디어선별

4. 여러 실험 아이디어 중 가장 적절한 방법을 찾기 위한 기준을 생각해서 적어보자.

- 자극을 수치화 또는 정량화 할 수 있는가?
- 인체의 반응을 정량화 또는 등분화 할 수 있는가?
- 자극의 정도를 측정할 수 있는 실험도구나 사물이 있는가?
- 반응의 정도를 알아볼 수 있는 실험도구나 사물이 있는가?
- 어떤 변인을 통제해야 하는가?
- 현 실험실에서 실현 가능한 실험인가? 등

아이디어를 선별하는 과정에서 학생들이 자극과 반응을 수치화 또는 단계화할 수 있는 것이어야 함을 인식하도록 하고, 우리 생활 주변에서 쉽게 구할 수 있는 도구로 가능한 실험을 선별하도록 한다. 그러면, 소리의 진동수에 따른 소리의 높낮이의 변화를 관찰하는 것으로 아이디어를 수렴할 수 있을 것이다.

5. 위의 설정된 아이디어선별기준을 고려하여 가장 적절한 아이디어를 선택해보자.

- 소리의 진동수에 따라 소리의 높낮이의 변화를 실험해본다.

탐구설계 (아이디어디자인)

6. 여러분이 선별한 아이디어를 검증할 수 있는 실험을 설계해보자.

본 안내서에서는 소리의 진동수에 따른 소리의 높낮이의 변화를 탐구하는 실험을 중심으로 내용을 전개하였다.

6-1. 선택한 아이디어를 좀 더 구체화시켜 보자.

- 낮은 도에서 높은 도까지의 1옥타브를 〈도, 도#, 레, 레#, 미, 파, 파#, 솔, 솔#, 라, 라#, 시〉 12단계로 나누어진 현재의 악기들은 각 단계마다 일정한 소리의 높이 간격을 가진 것으로 간주할 수 있다.
  따라서, 인간이 느끼는 소리의 높낮이는 악기를 통해 등분화(단계화)될 수 있다. 또한, 각 음마다의 진동수를 측정하면 외부 자극의 정도를 알 수 있다. 이 진동수와 각 음 사이의 상관 관계를 찾아봄으로써 외부 자극과 인간의 반응 사이의 관계를 알 수 있다.

6-2. 필요한 준비물을 적어보자.

- 선택한 외부 자극 : 소리의 진동수
- 선택한 외부 자극의 정도를 측정할 수 있는 실험도구(사물) : 녹음이 가능한 컴퓨터(사운드 카드, 마이크), cooledit 프로그램
- 선택한 외부 자극에 대한 인간의 반응 : 소리의 높낮이
- 인간의 반응 정도를 정량화 또는 등분화할 수 있는 실험도구(사물) : 잘 조율된 피아노, 플룻, 목소리 등
- 기타 필요한 준비물 : 계산기, 연필 등

6-3. 기본적인 변인들을 구별하여, 실험상황에서 어떻게 통제할지를 생각해보자.

- 종속변인 : 피아노의 음높이 (적당한 간격으로 등분배한다.)
- 독립변인 : 음의 진동수
- 통제변인 : 피아노 건반을 누를 때의 강도(세기), 주위의 잡음

6-4. 선택한 실험도구를 이용하여 구체적으로 실험을 설계해 보자.

[실험설계의 예]

1. 선택한 악기(피아노)의 음높이를 등간격으로 나눈다.
   (피아노의 경우, 흰 건반과 검은 건반 사이는 반음, 흰 건반에서 검은 건반을 거쳐 다음 흰 건반은 온음이다.)
2. 각 음을 컴퓨터의 녹음기능을 이용하여 녹음하고 저장한다.
3. cooledit을 실행하고, 왼쪽상단 아이콘을 클릭하여 저장한 파일을 찾아 불러온다.
4. 왼쪽 하단 Auto-Play 를 눌러 저장한 파일이 맞는지 확인한다.
5. 아래 [그림 1]처럼 분석하고자 하는 음의 영역을 마우스로 설정하고, 상단의 Analyze – Show Frequency analysis를 클릭하면,

cooledit 프로그램의 데모판은 인터넷상에서 쉽게 구할 수 있으며, 프로그램의 사용법도 간단한 편이다.

cooledit에서 주파수 분석을 하면 특정 간격에 따른 주파수를 분석하게 되는데, 너무 낮은 음은 진동수의 차이가 매우 작기 때문에 분석에 적합하지 못하다.
피아노 분석 시 C3 이상에서 분석하도록 하며, 현악기보다는 관악기가 실험결과가 더 잘 나온다.
사람의 육성으로 도, 레, 미, 파, ... 음을 소리 내어 분석하여도 비슷한 결과를 얻을 수 있다.

소리의 종류

기음(fundamental) : 기본이 되는 음으로 어떤 소리를 진동수에 따라 쫙 펼쳤을 때 가장 낮은 진동수의 음이다. 기음의 진동수가 낮으면 낮은 소리가, 기음의 진동수가 높으면 높은 소리가 난다.

배음(harmonics) : 기음 위에 쌓여서 음색을 결정하는 음들로, 기음의 진동수의 정수배이다. 피아노, 플룻 등의 악기가 다 다른 소리로 들리는 것은 배음이 어떻게 구성되어 있느냐로 결정된다.

cooledit의 주파수 분석결과에서는 기음과 배음이 모두 분석되어 나오므로, 기음의 값인 L값을 읽어주면 된다.

주파수 분석 결과창([그림 2])이 나온다.

6. 결과창의 아래에 보면, L = ( )Hz라는 값([그림 3])을 읽는다. (L값은 분석하고자 하는 음의 기음이다.)
7. 표에 L값을 기록한다. (x축 : 진동수, y축 : 음의 높이)
8. 실험의 정확도를 높이기 위해 3회 반복 실험한다.

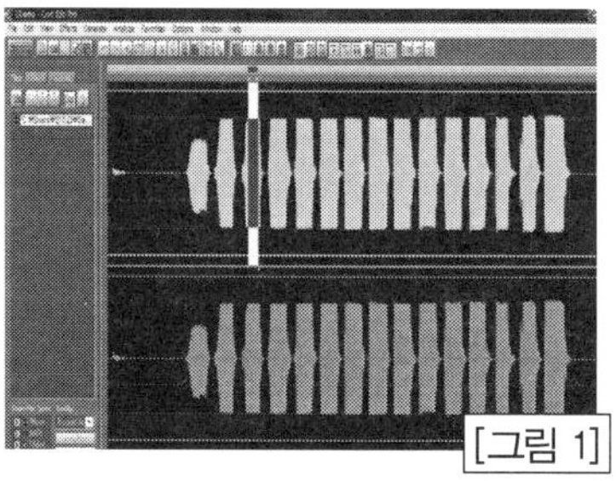
[그림 1]

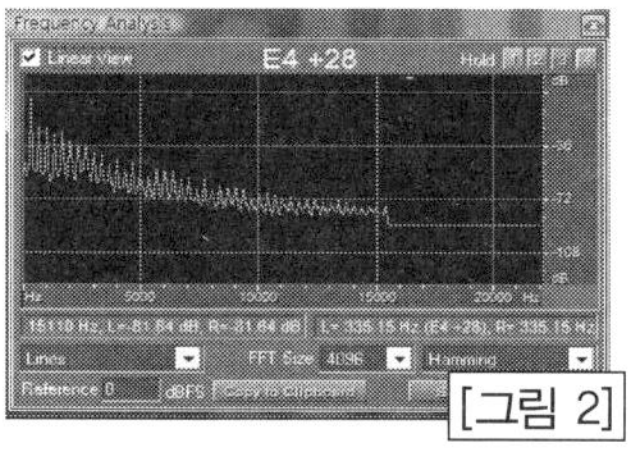

[그림 2]

[그림 3]

결과분석 및 아이디어검증활동

진동수 분석 결과창에 보면 FFT size가 있다. 이는 진동수를 얼마나 세분해서 그래프를 그릴 것인가를 결정하는 지수로, 숫자가 낮으면 그만큼 정밀도가 떨어진다.
본 실험에서는 FFT size = 4096 정도가 적합하다.

결과표의 수치는 다음과 같다.
1회 : 피아노 측정 결과
2회 : 남성 목소리 측정 결과
평균값 : 각 음에 대한 표준화 된 실제 진동수
→ 실험상의 편의를 위해 1회, 2회의 실험은 피아노의 흰 건반에 해당하는 음만 측정하였다.

7. 설계된 실험방법을 바탕으로 실험을 수행하고, 표와 그래프로 나타내보자.

7-1. 선택한 외부 자극(음의 진동수)에 따른 인간의 반응(음의 높이)을 표로 기록해보자.

	진동수 (1회)	진동수 (2회)	진동수 (3회)	평균값
도(C3)	130.32	131.12		130.813
도#(C#3)				138.592
레(D3)	146.29	145.82		146.833
레#(D#3)				155.564
미(E3)	164.59	164.15		164.814
파(F3)	173.07	167.92		174.614

	진동수 (1회)	진동수 (2회)	진동수 (3회)	평균값
파#(F#3)				184.997
솔(G3)	195.13	190.51		195.998
솔#(G#3)				207.653
라(A3)	219.5	222.87		220
라#(A#3)				233.082
시(B3)	245.81	242.61		246.942
도(C4)	261.19	256.25		261.626
도#(C#4)				277.183
레(D4)	291.92	289.14		293.665
레#(D#4)				311.127
미(E4)	327.69	324.64		329.628
파(F4)	349.09	335.05		349.228
파#(F#4)				369.994
솔(G4)	389.06	385.55		391.995
솔#(G#4)				415.305
라(A4)	436.26			440
라#(A#4)				466.164
시(B4)	491.46			493.883
도(C5)	517.7			523.252

검은 건반에 해당하는 값은 실제 진동수를 보고 실험치와 비교하면 된다.

→ 보다 다양한 실험결과는 뒤의 참고자료를 보면 된다.

악기의 음높이 간격은 등간격으로 자유롭게 선택하여도 좋다. 아래에는 1옥타브 간격으로 실험한 예이다.(단, 너무 낮은 음은 실험의 정확도를 위해 추천하지 않는다.)

[음높이를 1옥타브 간격으로 한 예]

음높이	진동수
A0	제외
A1	제외
A2	제외
A3	220
A4	440
A5	880
A6	1760
A7	3520

A0 : 피아노건 반에서 가장 낮은 '라'

A7 : 피아노 건반에서 가장 높은 '라'

* 1옥타브 간격마다 정확히 2배의 진동수 차이가 난다.

7-2. 기록된 표를 보고, 그래프를 그려라.

[외부 자극과 인간 반응의 상관관계]

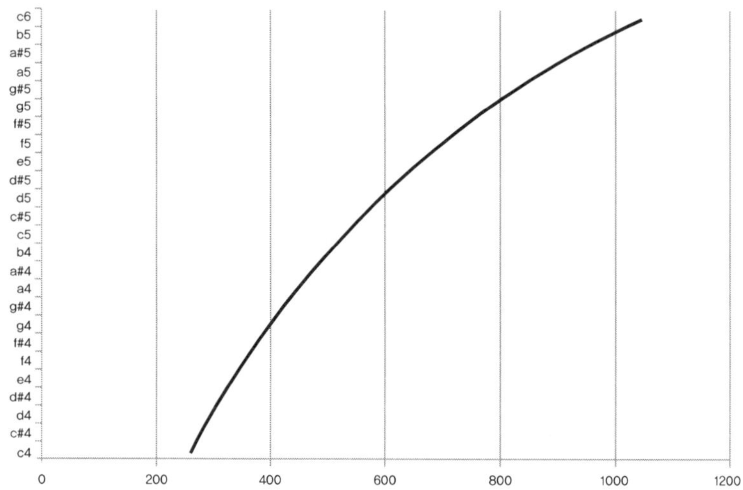

(x축 : 외부 자극: 진동수, y축 : 인간의 반응: 음의 높이)

그래프는 어떤 함수의 모양이 되는가?

- 로그함수 모양의 그래프가 나온다.

8. 작성된 표와 그래프를 바탕으로 외부 자극과 인간의 반응 사이의 관계식을 만들어보자.

8-1. 작성된 표에서 C4와 C5, D4와 D5와 같이 한 옥타브 사이의 진동수는 어떤 관계를 가지는가?

실제 데이터 값을 제시하여 자신의 실험결과와 비교해보도록 해도 좋다.

- C5의 진동수는 C4의 진동수의 대략 2배이다.
- D5의 진동수는 D4의 진동수의 대략 2배이다.
- 즉, 음의 한 옥타브 차이는 진동수의 2배를 의미한다.

8-2. 실제로 각 음에 대한 진동수들은 등비수열을 이루고 있다. 진동수들 사이의 공비를 구하고, 관계식을 만들어라.

[공비구하기]

C5의 진동수 = C4의 진동수 × R(공비)^n,

한 옥타브 사이의 음 간격은 12개이므로, $n = 12$이다.

따라서, $2 = R^{12}$

$12 \log R = \log 2$

$\log R = \log 2/12 = 0.0251$

$R = 1.059$

[관계식 만들기]

$A_n = A_1 \times 1.059^n$ A_1 : 기준이 되는 음의 진동수

A_n : n번째 음의 진동수 (자극)

n : 음의 단계 또는 음의 높이 (반응)

8-3. 위의 관계식에서 음의 진동수는 자극(x)으로, 음의 높이는 반응(y)으로 변수를 바꾸어 개략적인 관계식을 표현해보자.

$x = A_1 \times 1.059^y$ (양변에 log를 취한다.)

$y = (1/\log 1.059)\log x + (-\log A_1/\log 1.059)$

즉, $\underline{y = k\log x + C}$ 의 형태가 된다.

이때, 인간이 감지할 수 있는 최소자극(x_0)에서의 반응을 0이라고 두면 $A_1 = x_0$가 된다.

위 식을 다시 정리하면, $\underline{y = k\log(x/x_0)}$ 가 된다.

8-4. 위 그래프와 관계식을 보고 소리의 진동수와 음의 높낮이 사이의 상관관계 및 그 의미를 글로 써보자.

- 진동수가 높아질수록 음의 높이도 높아지나, 정비례관계가 아니라 로그함수 그래프가 그려진다.
- 음의 높이를 등간격으로 두고 진동수를 측정한 값은 등비수열을 이룬다.
- 음의 높이에 따른 진동수를 나열하면 그 수열은 공비가 1.059인 등비수열을 이룬다.
- 진동수가 높을수록 인간이 두 음의 높이를 구별하는 능력이 떨어진다.
- y(반응) $= K\log(x/x_0)$(외부 자극)의 관계식을 가진다.

아이디어확정

9. 지금까지의 내용을 바탕으로 외부 자극과 인간의 반응 사이에는 어떤 상관관계가 있는지 정리해보자.

- 인간은 외부 자극에 대해 로그함수적으로 반응한다.
  즉 $y = K\log(x/x_0)$ 의 관계식을 얻을 수 있다. (y : 반응, x : 자극)

이와 같은 관계식을 알아낸 사람은 페히너이다. 그는 독일의 물리학자이며 철학자였던 사람으로 자극과 감각의 세기의 관계를 양적으로 연구하였고, '페히너의 법칙(베버-페히너의 법칙)'으로 알려진 공식을 정리하였다.

아이디어적용 (일반화)

10. 외부 자극과 인간의 반응 사이의 상관관계를 알아보기 위해 선택한 실험의 한계점은 무엇인가?

- 우리가 선택한 소리의 진동수와 음의 높이 사이의 상관관계를 알아보는 특수한 실험 1가지를 가지고, 인간의 자극과 반응에 대한 상관관계를 알아냈다고 하는 데는 일반화의 오류가 있을 수 있으므로, 다른 자극과 반응에 대한 실험도 수행해 봄으로써 이 상관관계의 유용성 및 정확성을 검토해 볼 필요가 있다.
- 외부에서 주어진 자극에 대한 인간의 반응은 무조건적으로 위의 그래프를 따르는 것이 아니라 심리적인 요인, 환경적인 요인, 인지적인 요인 등 다양한 요인에 의해 달라질 수 있음을 인식해야 한다.

이것만은 꼭!

거의 100년 전에 만들어진 페히너의 법칙은 반드시 자극과 반응의 관계를 완벽하게 표현한 것은 아니라는 것이 밝혀졌다.
1950년대에 Stevens는 감각의 크기를 자극의 지수의 멱함수로 나타냈고, 이를 스티븐스의 지수 법칙이라고 했다.
따라서, 자극과 반응의 관계식을 학생들이 100% 옳은 법칙으로 인식하도록 하면 안 된다. 인간은 심리적, 환경적 요인 등 다양한 영향을 받아 반응하는 복잡한

11. 일상 생활에서 자극에 대한 우리의 반응과 위의 관계식을 연관시켜 생각해보자.

- 자극이 매우 작게 주어지면 우리가 느끼지 못하는 경우가 있다. 이는 위의 그래프에서 최소극치가 존재하는 것과 관련이 있다.
- 아주 큰 자극을 주면 그 강도가 서로 다르더라도 비슷하게 느껴진다. 이는 자극의 강도가 커져도 반응이 그 강도의 차이 만큼

민감하게 커지지 않는 것과 관련된다. 이는 인간을 보호하는 역할을 한다.

12. 자극과 반응의 법칙이 우리 생활 속에 이용되고 있는 곳을 찾아보자.

- 페히너의 법칙은 음의 세기의 단위로써 응용할 수 있다. 스피커로 측정된 음압이 $2\times10^{-5}\mathrm{N/m^2}$일 때를 기준음압($x_0$)로 하여 음의 세기를 표현하면

$$L = 10\log x/x_0$$

로 정의되며, 이때의 단위는 데시벨(dB)이다.
(이때, 곱해진 10은 보기 쉬운 자리수를 만들기 위해서이다.)

존재이므로 페히너의 법칙처럼 단순하게 모든 것을 표현할 수 있는 것은 아님을 반드시 이해시키고, 단지 그러한 경향성이 있다는 것과 심리학과 물리학이 접목된 이러한 연구도 진행되고 있음을 알려주는 기회로 삼았으면 한다.

참고자료

FFT size를 4096에 두고 한 실험결과이다.

[플룻과 여성 목소리를 대상으로 각 음에 따른 진동수 측정]

	플룻	여성 목소리
c4	282.12	241.75
c#4		
d4	299.14	269.42
d#4		
e4	335.03	306.55
f4	356.25	324.56
f#4		
g4	401.49	368.39
g#4		
a4	451.91	399.42
a#4		
b4	511.6	453.81
c5	544.93	479.36
c#5		
d5	603.51	539.53
e5	667.27	598.57
f5	712.96	632.87
f#5		
g6	807.27	719.65

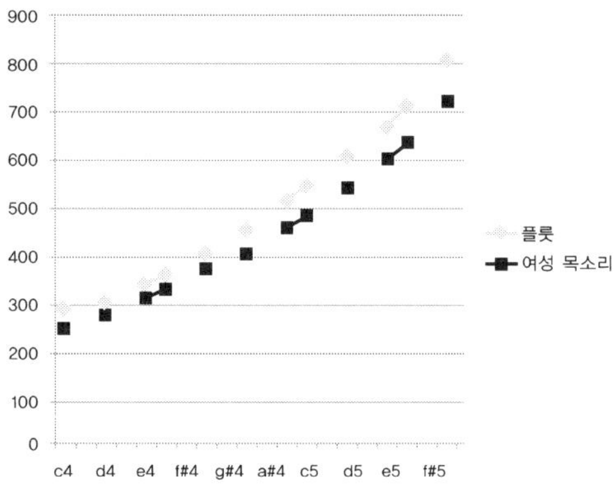

[피아노의 '솔'음을 1옥타브 간격으로 쳐서 진동수 측정]

음	피아노
G2	97.701
G3	195.61
G4	389.6
G5	780.92
G6	1564.1
G7	3167.8

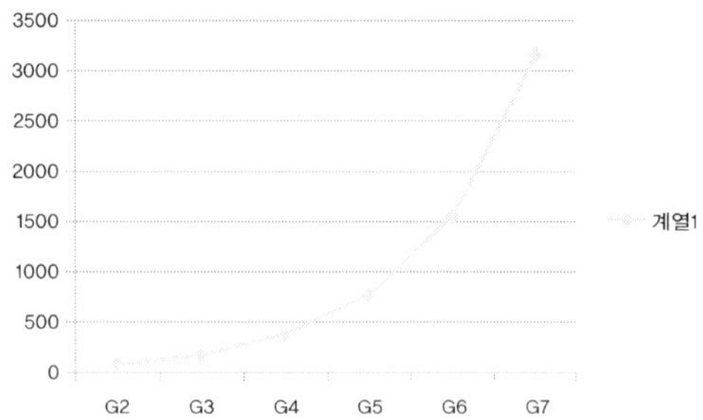

05 화학 분수 만들기

수업모델 아이디어산출형 – 교수적도움

이 수업은 일반적으로 알려진 과학적인 사실이나 원리들로부터 새로운 아이디어를 생성하거나 2가지 이상의 아이디어를 융합 또는 직관을 사용하는 과정이 포함된다. 문제제기, 현상의 원리파악은 추가된 단계이다.

『아이디어산출형의 수업과정』

현상제시 → 탐색 → 문제제기* → 현상의 원리파악* → 아이디어제시 (idea pool) → 아이디어선별
↓
탐구설계 → 결과분석 및 아이디어검증활동 → 아이디어확정 → 아이디어적용 (일반화)
(결과분석 및 아이디어검증활동 ↑ 아이디어제시 (idea pool))

수업개요

이 수업은 과학자의 연구형태 중 아이디어산출과 관련된 교수적도움 단계로 기체 분수 만들기의 경험을 토대로 다양한 화학 분수 만들기를 구성하는 과정이다. 학생 개개인이 가지고 있는 분수에 대한 개념에서 출발하여 보다 확장된 분수의 개념을 적용한 화학 분수를 제작해보는 것이다. 분수의 역동성과 시각적 효과를 극적으로 발휘할 수 있도록 아이디어의 창출을 북돋는 교수적도움을 제공한다. 예로써 지시약과 산과 염기의 반응을 통한 색의 변화를 이용한 분수, 밤에도 볼 수 있는 발광 분수, 화학 반응을 도미노로 구성한 분수, 시계 반응을 이용한 분수, 거품을 이용한 분수 등이 제안되어 실행될 수 있다. 이 단계는 두 가지 또는 그 이상의 아이디어가 결합·융합되며(combine) 변형시켜서(modify) 적용되는(adapt) 것과 직관을 이용하여 분수를 만들어 볼 수 있도록 하는 활동이 이루어질 수 있다.

수업안내

- 수업 대상 : 고등학생 이상
- 예상 소요시간 : 2시간
- 수업 준비물 : 부피플라스크, 수조, 알코올, 비커, 유리관, 기타 본문 참조

학습목표

1. 여러 가지 화학 반응과 분수의 원리를 이용하여 화학 분수를 만들 수 있다.
2. 새로운 화학 분수를 만들어가는 과정을 통해 새로운 아이디어를 도입하고 확장해 가는 과학자의 연구형태와 사고과정을 학습한다.

현상제시 및 탐색

관찰한 현상이나 궁금한 내용을 적어 보도록 유도한다.

다양한 분수 사진을 제시해주고 떠오르는 이미지를 적어보도록 한다.

1. 다음 사진과 글을 보고 '분수'에 대하여 자유롭게 이야기해 보자.

서구의 도시에서 볼 수 있는 분수는 대개가 다 하늘을 향해 솟구치는 분수들이다. 화산이 불을 뿜듯이, 혹은 로켓이 치솟아 오르듯이, 땅에서 하늘로 뻗쳐 올라가는 힘이다. 분수는 대지의 중력을 거슬러 역류하는 물이다. 자연의 질서를 거역하고 부정하며 제 스스로의 힘으로 중력과 투쟁하는 운동이다. 물의 본성에 도전하는 물줄기이다. 높은 데서 낮은 데로 흐르는 천연의 성질, 그 물의 운명에 거역하여 그것은 하늘을 향해서 주먹질을 하듯이 솟구친다.

〈출처 : 이어령 교수의 수필 '폭포와 분수' 중에서〉

[과정 1]

'분수'를 보았을 때 머리 속에 떠오르는 이미지는 어떤 것인지 자신의 생각을 적어보자. (3가지 이상)

- 역동성, 화려함, 부드럽다, 즐겁다, 예쁘다, 솟아오른다. 시원함, 물안개 등 분수에 대한 다양한 이미지 표상화한다.

[과정 2]

모둠원들과 '분수 이미지'를 함께 이야기 하여 나와 다른 점을 찾아보자.

동료들과 논의하면서 자신이 가지고 있는 분수에 대한 이미지를 구체화할 수 있도록 한다.

문제제기

2. 화학 반응을 이용하여 분수를 설계한다면 어떤 분수를 만들고 싶은지 구상해보자.

- 암모니아 분수의 단점과 기체 분수의 단점을 개선한 분수일 수도 있고, 여러 가지 화학 반응을 이용한 새로운 분수를 제안할 수 있다. 예를 들어 밤에도 보이는 분수, 연속적으로 반복되는 분수, 색이 변하는 분수 등 다양하게 제시될 수 있다.

현상의 원리 파악

> 아이디어산출형이 문제해결형과의 차이를 경험할 수 있는 단계로 기본원리를 이해하고 이를 확대 적용하여 새로운 아이디어를 만들 수 있도록 격려하는 것이 중요하다.

> 교수적도움 단계에서는 열린 형태의 다양한 아이디어를 스스로 구성하도록 해야 한다. 따라서 학생의 다양한 생각을 긍정적으로 수용하면서 제시된 아이디어에 논리 및 경험적 오류가 생기지 않도록 유도하는 것이 중요하다.

> 화학 분수를 새로운 아이디어 분수에 적용하기 위해서는 기본원리의 인식이 중요하다.

3. 다음은 여러 가지 분수 현상을 관찰할 수 있는 사진이다.

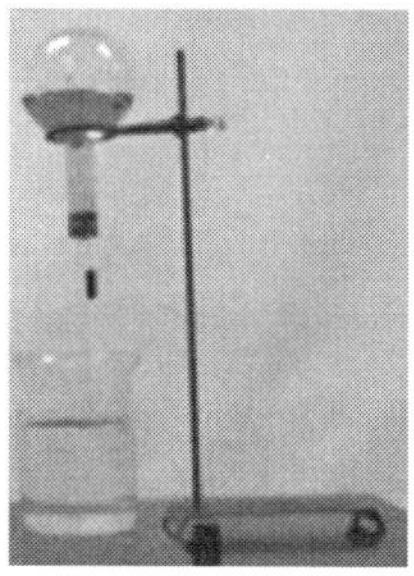

[암모니아 분수]

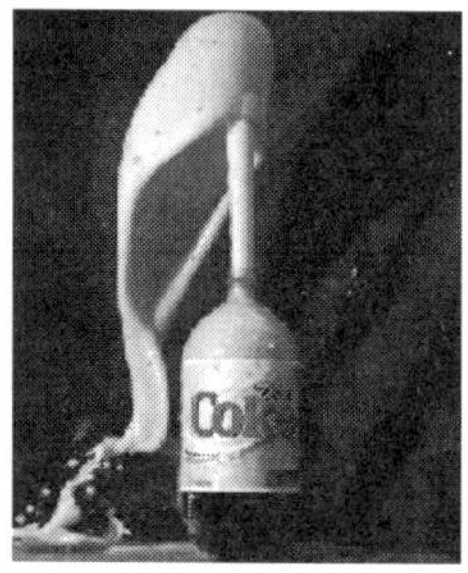

[콜라와 멘토스 분수]

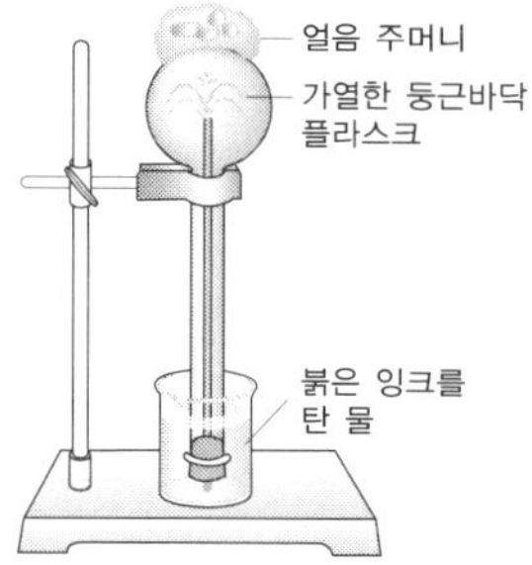

[수증기 분수]

3-1. 각각의 분수가 생기는 원리를 알아보자.

- 암모니아 분수 : 암모니아 기체가 물에 녹아 플라스크 내부의 기체 압력이 낮아지고, 외부(대기압) 압력에 의해 비커의 물이 상승하게 된다. 이때 물에 넣은 염기성 지시약 페놀프탈레인은 암모니아 기체가 녹아듦에 따라 붉은색으로 변한다.
- 콜라와 멘토스 분수 : 콜라 속에 녹아 있는 이산화탄소가 멘토스에 의해 급격히 분출되어 콜라 병 속 기체의 압력이 높아져 콜라가 솟구쳐 오른다.
- 수증기 분수 : 플라스크 안의 수증기가 물로 액화되면 용기 안의 기체 압력이 낮아져 물이 솟아오른다.

> 학생들은 다양한 분수의 구성방법을 제안할 수 있고 이것을 실험실 상황에 맞게 구성하도록 한다.

3-2. 위의 분수들 사이의 공통점과 차이점은 무엇인가?

- 공통점 : 기체를 이용하여 분수를 구성
- 차이점 : 암모니아 분수와 수증기 분수는 용기 내의 기체 압력을 낮추는 경우이고 콜라 – 멘토스 분수는 용기 내의 기체 압력을 높이는 경우이다.

아이디어제시 (idea pool)

4. 화학 반응을 이용한 새로운 분수 실험에 대한 아이디어를 제안해 보자.

- 색이 변하는 분수 – 분수 현상이 나타나면서 지시약의 색이 변하는 분수
- 크로마토그래피 분수(무지개 분수) – 용액이 올라가면서 색소가 분리되어 나타나고 최종적으로 용매가 솟아오르는 분수
- 사이다 깜짝 분수 – 시계반응을 이용하여 섞는 순간엔 색이 변하지 않지만 시간차를 두고 색이 변하는 것으로 시계반응과 멘토스와 사이다의 반응을 이용한 분수

5. 분수를 구성하는 데 제안된 아이디어를 이용할 수 있도록 인터넷이나 문헌자료를 검색하여 다양한 화학 반응에 대하여 자료를 찾아보자.

> 문제를 해결하기 위한 방안에 대한 논의도 함께 이루어질 수 있도록 한다.

① 기체가 발생하는 화학 반응
이산화탄소의 발생 – 식초와 탄산수소나트륨의 반응
물과 알카셀처(제산제)의 반응
탄산칼슘과 산의 반응 등
산소의 발생 – 과산화수소의 분해 반응
수소의 발생 – 금속과 산의 반응

② 색이 변하는 화학 반응
지시약의 색변화
아이오딘 녹말 반응
신호등 반응
시계반응 – KIO_3와 $Na_2S_2O_5$의 반응을 통해 녹말이 지시약의 색이 주기적으로 변화

③ 화학 발광 – 루미놀을 이용한 발광

④ 산화와 환원 – 중크롬산칼륨의 환원 반응 등을 다양하게 이용할 수 있다.

아이디어선별

학생들이 제안한 아이디어를 실험으로 옮기는 과정에서 발생하는 문제점을 해결하도록 도와준다.

발생하는 문제점들은 모둠별 수행 상황에 따라 다양하게 나타날 것이다.

6. 모둠원들이 제안한 아이디어들에 대하여 토의하고 실험실에서 구현 가능한 아이디어로 통합하거나 수정해보자.

단계 1. 기존의 암모니아나 이산화탄소를 이용한 분수의 단조로운 색변화를 개선하여 분수가 분출되면서 여러 가지 색을 볼 수 있도록 만든다.

단계 2. 신호등 반응과 산염기 지시약의 색변화를 이용한 분수를 만들 수 있다.

단계 3. 각각의 반응물들이 다른 용기에 들어 있다가 만나야 하고 분수가 만들어지는 플라스크 안에서 반응이 일어나야 하므로 반응 물질 올려주려면 기체의 압력을 높여서 조절해야 한다.

단계 4. 분수를 효과적으로 보여 줄 수 있는 장치를 설계한다.

탐구설계 (아이디어디자인)

다양하게 발생하는 문제점들은 그 원인을 찾아보고 해결 방안을 토의를 통해 정교화시킨 후 적용한다.

7. 모둠별로 결정된 아이디어로부터 새로운 분수를 만드는 실험을 수행하기 위한 실험과정을 설계해보자.

[실험설계의 예]

- 준비물 : 부피플라스크(200mL,1000mL), 인디고카민, 수산화나트륨, 포도당, 수조, 약수저, 알코올, 비커(200mL), 이산화망가니즈, 과산화수소, 유리관

① 신호등 반응에 필요한 인디고카민 용액, 수산화나트륨 용액, 포도당 용액을 만든다. (인디고카민 : 20g/200mL, 수산화나트륨 : 24g/200mL, 포도당 : 14g/1000mL)

② 수조 안에 신호등 반응 용액을 넣는다.

③ 비커에는 과산화수소를 넣는다.

④ 유리관을 연결한 둥근플라스크를 준비하고 수조를 덮을 스티로폼 뚜껑의 중심부에 꽂아놓는다.

⑤ 준비가 되면 비커에 이산화망가니즈를 넣어 산소를 발생시켜 수조 안의 기체 압력을 높인다.

> 아이디어 풀(idea pool)을 활용하여 다각도로 문제에 접근하고 해결방법을 찾도록 유도한다.

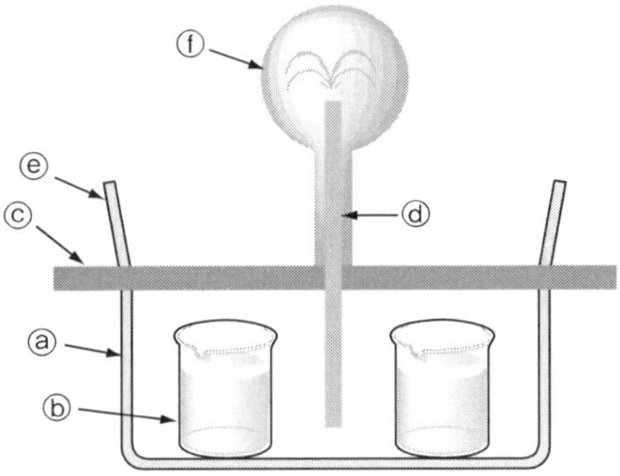

ⓐ 신호등 반응에 필요한 용액이 담겨있는 수조
ⓑ 기체를 발생시킬 물질이 들어있는 비커
ⓒ 수조를 막아 기체가 새어 나오지 않도록 하는 뚜껑
ⓓ 신호등 반응 용액이 솟아오를 수 있는 유리관
ⓔ 양쪽으로 뿜어져 나오는 분수용액을 받아 들어있는 지시약에 의해 색이 변할 수 있는 용기
ⓕ 분수가 만들어질 수 있는 공간으로 아래쪽에는 올라온 용액이 다시 아래로 떨어질 수 있도록 양쪽에 구멍이 뚫려있는 음료수 페트병

결과분석 및 아이디어검증활동

8. 설계한 실험과정대로 새로운 분수 만들기 실험을 수행해보자.

> 실험 수행 중 주의해야 할 사항이나, 실험에 필요한 기술적 방법 등에 대하여 항목별로 정리하도록 한다.

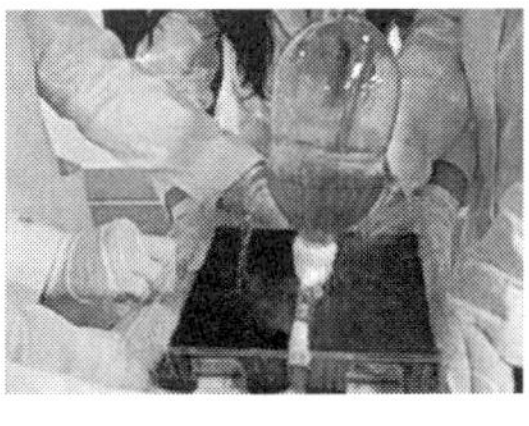

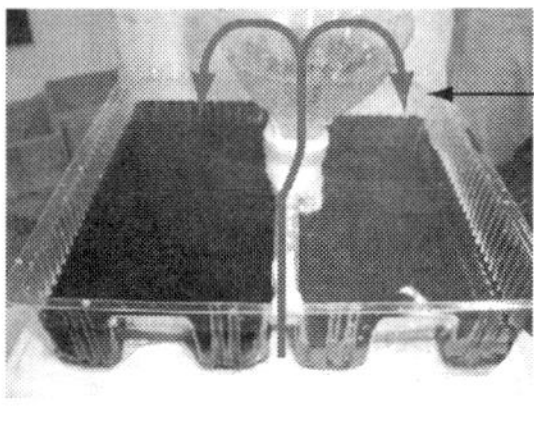

뿜어져 나오는
신호등 반응 용액

9. 설계한 실험과정대로 수행할 때 발생하는 문제점은 무엇인가?

① 올라오는 용액이 신호등 반응을 보여주지 못하고 검정색 용액으로 변해서 나왔다.
② 수조 속 신호등 반응 용액을 밀어 올리는 데 충분한 기체가 필요하다.
③ 유리로 된 둥근플라스크로는 신호등 반응과 지시약의 색변화를 모두 볼 수 있는 분수가 만들어지지 않았다.
④ 지시약을 이용해서 색깔이 변하도록 하는 장치를 만들었는데 분수가 나오면서 한쪽 방향으로만 나와서 지시약의 색깔을 동시에 바꾸는게 어려웠다.
⑤ 스티로폼 위 지시약의 색 변화가 천천히 일어나서 분수가 끝난 다음 색깔이 변했다.

10. 문제점을 해결하기 위해서는 어떻게 해야 할까?

① 과산화수소 150mL와 물 100mL를 혼합하여 사용하면 신호등 반응 용액을 상승시키기에 충분한 산소를 발생시킬 수 있다.
② 인디코카민이 산화 환원 지시약으로 포도당의 산화를 통해 색이 변화한다. 보통 신호등 반응을 할 때는 흔들어주면서 산화시키는데 분수는 흔들 수 없으므로 반응물이 충분히 반응할 수 있도록 산소를 공급하는 것이 중요하다. 처음에는 이산화탄소를 발생시켜서 압력을 높이려 했는데 이산화탄소가 신호등 반응 용액 속의 수산화나트륨과 반응을 하여 기체 압력이 커지지 않는다는 것을 알았다. 그래서 산소를 발생시켜서 분수를 만드는 것으로 수정했다. 이에 따라 신호등 반응에 필요한 산소도 공급하고 기체의 압력도 조절이 되어 일석이조의 효과를 보았다.
③ 인디고카민을 너무 많이 넣으면 녹색이 너무 진해서 다른 색 관찰이 어려웠다. 따라서 반응이 잘 일어날 수 있도록 물질의 양을 조절한다. 우리 모둠의 경우 포도당은 14g을 물 1000mL에 녹였고, 수산화나트륨은 24g을 200mL의 물에 녹였으며 인디고카민은 0.4g을 200mL의 물에 녹인 것을 사용했다.
④ 유리 둥근플라스크를 음료수 페트병으로 대체하였다.

⑤ 페트병 2개를 잘라 이어 붙이고 분수가 양쪽 갈래로 흘러내릴 수 있도록 페트병의 아래쪽에 구멍을 뚫었다.

⑥ 신호등 반응 용액이 수산화나트륨 수용액이 있어 염기성을 띤다. 그래서 한쪽 그릇엔 페놀프탈레인 용액을 미리 조금 떨어뜨려 그 그릇으로 떨어진 신호등 반응 용액은 빨갛게 변하도록 하였고, 다른 한쪽 그릇에는 티몰프탈레인 용액을 미리 떨어뜨려 그 그릇으로 떨어진 신호등 반응 용액은 파랗게 변하도록 하였다.

아이디어확정

11. 새로운 기체 분수 만들기 실험의 원리를 설명해보자.

• 색이 변하는 반응 – 신호등 반응

용액 안에 들어있는 인디고카민 지시약은 산화·환원 지시약으로, 용액에 녹는 산소의 농도에 따라 그 색이 변한다. 포도당은 강염기 조건에서 산소와 잘 결합한다. NaOH 수용액을 넣었으므로 포도당이 인디고카민 보다 산소와 더 잘 결합한다. 그래서 이 용액을 가만히 놔두게 되면 포도당이 용액 중에 녹아있는 산소와 결합하고 인디고카민은 산소와 결합을 거의 하지 못한다. 이때 노란색을 띠게 된다. 즉, 포도당이 염기성에서 인디고카민을 환원시키는 것이 된다. 포도당은 물에 녹아 고리 모양에서 사슬 모양으로 모양이 두 가지가 왔다 갔다 하면서 –CHO(알데히드기)가 형성이 되고 환원력이 생기는 것이다.

이 용액을 흔들어 주면 산소가 인디고카민과 조금 결합하며 붉은색을 띠게 되고, 더 흔들어 주면 꽤 많은 산소가 인디고카민과 결합하며 초록색을 띠게 된다.

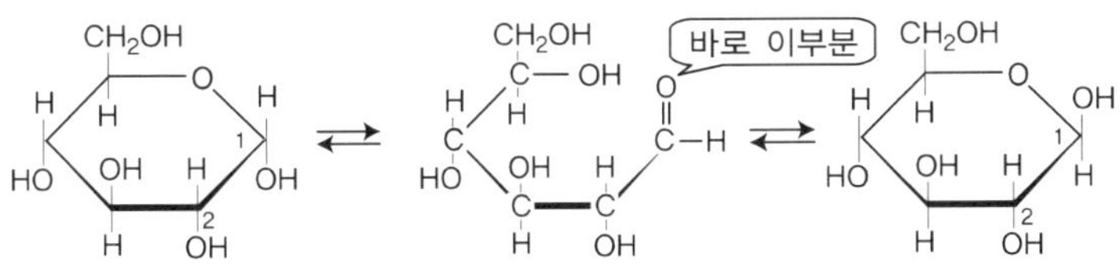

[α–포도당] [사슬 모양 포도당] [β–포도당]

• 기체의 발생 – 압력을 높여 분수가 올라오게 하기

분수 밑 부분의 압력을 높여서 물이 나오도록 장치를 구성해봤다. 과산화수소와 이산화망가니즈의 반응을 통하여 다량의 산소가 만들어지면서 압력을 높였다($2H_2O_2 \rightarrow H_2O + O_2$).

• 분수가 뿜어진 후 그릇에서 생긴 물의 색 변화 – 산·염기에 의한 지시약의 색변화

지시약도 산·염기를 띠고 있다. 산성인 지시약의 경우, 산성의 용액에 그 지시약을 떨어뜨릴 경우 지시약에 붙어있는 수소 이온은 용액 속에 많으므로 잘 떨어지지 않는다. 그런데 이 지시약을 염기의 용액에 떨어뜨릴 때에는 지시약에 붙어 있는 수소 이온이 용액에 잘 떨어져 나간다. 용액의 산성도에 따라서 지시약의 분자 구조가 바뀐다고 할 수 있다. 이때 색도 함께 변한다면 이것을 지시약으로 쓸 수 있는 것이다. 지시약 색깔이 변하는 pH 범위를 변색 범위라 하고 이에 따라 용액의 대략적인 pH를 알 수 있게 된다.

12. 실험과정 중 발생한 문제점들과 원인을 규명하고 문제점을 해결하는 과정에서 알아낸 사실이나 실험에 유용한 자신만의 Know-how를 정리해보자.

① 신호등 반응 시 산소의 공급을 원활히 하기 위해 반응 용기 뚜껑을 열고 닫는 것을 반복하여 산소 부족이 생기지 않게 해야 색 변화를 잘 관찰할 수 있다.

② 과산화수소와 이산화망가니즈를 많이 넣게 되면, 비커에서 넘쳐서 신호등 반응 용액이 회색이 되어 버린다. 그러므로 적정량을 넣어주어야 한다.

③ 신호등 반응 시 인디고카민 수용액을 너무 많이 넣으면 진한 초록색에서 색의 변화가 거의 없었다. 인디고카민 역시 적정량을 넣어주어야 한다. 또한 포도당도 중요한 환원제 역할을 하는데 양이 적으면 색 변화가 잘 일어나지 않으므로 적정량의 넣어주어야 한다.

④ 페놀프탈레인, 티몰프탈레인은 물에 녹여 사용하면 분수가 뿜어져 나올 때 색변화가 잘 일어나지 않는다. 그러므로 에탄올에

녹여 사용하면 효과적이다. 지시약은 되도록 에탄올에 녹이는 것이 좋다.

⑤ 수산화나트륨 수용액을 만들 때나 이산화망가니즈와 과산화수소를 반응시킬 때 발열 반응으로 용기가 뜨거워지므로 주의한다.

⑥ 스티로폼 뚜껑이 가벼우므로 뚜껑을 계속 눌러주어야 수조 안의 기체가 새지 않도록 한다.

아이디어적용 (일반화)

13. 모둠별로 완성한 새로운 분수 만들기 실험에 대하여 안내하는 프리젠테이션 자료를 만들어보자.

발표된 여러 가지 화학 분수에서 기체의 존재와 압력 변화라는 공통 요소를 추출하여 정리함으로써 화학 분수에 대한 일반화를 유도한다.

14. 화학 분수 만들기 발표에서 제안된 분수들의 특징을 정리해보고, 기체 분수를 구성할 때 고려해야할 필수적인 조건에 대하여 논의해보자.

- 기체의 압력을 조절하여 화학 분수를 구성할 수 있다. 따라서 기체를 발생하는 반응과 다양한 화학 반응에 대한 기본원리를 이해할 수 있도록 정리한다. 액체 물질의 상승뿐만 아니라 거품이 상승하는 것 또는 용액이 계단식으로 흘러내리는 것 등도 분수로 구성될 수 있음을 알고 분수의 개념을 넓게 확장시킬 수 있는 다양한 아이디어에 대하여 논의해본다.

과학자들은 자신이 가진 아이디어를 구체화하여 발표하고 토론을 통하여 다양한 의견을 수용하며, 자신의 아이디어에 대한 평가를 받고, 공동체와 의사소통한다. 따라서 발표와 토론과정이 과학자의 연구과정의 한 과정임을 인식하도록 한다.

06 유전자, 너의 정체를 밝혀라!

수업모델 아이디어산출형 – 교수적도움

이 수업은 과학자의 연구형태 중 아이디어산출과 관련된 교수적도움으로 진행된다. 유전물질의 정체를 밝히는 데 새로운 아이디어를 이용하여 접근하며, 자신의 아이디어를 실험의 과정을 통하여 증거를 찾아내고 과학적 원리를 알아본다.

『아이디어산출형의 수업과정』

현상제시 → 탐색 → 아이디어제시(idea pool) → 아이디어선별
↓
아이디어적용 (일반화) ← 아이디어확정 ← 결과분석 및 아이디어검증활동 ← 탐구설계

수업개요

1920년 이전, 과학자들은 일반적으로 유전자가 염색체에 존재한다는 데 동의했으며, 염색체가 단백질과 DNA로 구성된다는 것도 알고 있었다. 그러나 과학자들은 DNA는 화학적으로 매우 단순한 물질이므로 더 복잡한 물질인 단백질이 유전자를 구성할 것이라고 가정하였다. 이후 그리피스는 형질전환 실험(1928)으로 형질전환요소가 유전물질임을 암시하였고, 에이버리(1944)는 그것이 DNA임을 증명하였다. 에이버리의 실험적 증거에도 불구하고 좀처럼 흔들리지 않았던 이 가정은 허시와 체이스(1952)의 박테리오파지를 이용한 실험으로 종지부를 찍게 되었다. 이 과정에서 학생들은 유전물질의 본질을 밝힌 제2의 에어버리가 되어 실험용 균주를 사용하여 이를 검증할 수 있는 아이디어를 제시하고 실험을 설계하여 수행한다. 세부적인 실험방법은 교사의 도움을 받는다. 이 수업을 통해 분자유전학의 탄생을 주도한 여러 과학자들의 사고과정을 경험하고 DNA가 유전물질임을 밝히는 실험을 익힘으로써 DNA와 관련된 과학사적 배경을 이해할 수 있다.

수업안내

- 수업 대상 : 고등학생 이상
- 예상 소요시간 : 3시간
- 수업 준비물 : 기타 본문 참조

학습목표

1. 실험용 균주를 이용한 형질전환실험을 통해 DNA가 유전물질임을 증명할 수 있다.
2. 유전물질이 DNA임을 밝힌 실험적 증거를 확인하여 과학자의 연구과정을 이해할 수 있다.

현상제시

1. 여러 과학자들의 연구 결과 유전인자가 염색체에 있다는 것이 밝혀졌고 단백질이라는 생각이 지배적이었다. 그러나 핵산의 특성을 연구하던 일부 과학자들에 의해 단백질이 아닌 DNA가 유전물질일 가능성이 제기되었다. 다음은 이에 대한 과학자들의 가상 대화이다.

> 유전에 관련된 과학사적 흐름을 학생들이 잘 이해할 수 있도록 한다.

자외선과 돌연변이의 관계 연구 (Hallaender & Emons)
박테리아를 DNA가 잘 흡수하는 260nm의 자외선에 노출시키면 많은 돌연변이체가 생긴다.

〈출처 : http://beastgoodsab.tistory.com/category/funny+works?page=5〉

1-1. 유전물질이 가져야 할 특성은 무엇일까?

- 스스로 복제될 수 있어야 한다.
- 화학적으로 안정된 물질이어야 한다.
- 다양한 유전 정보를 담을 수 있어야 한다.
- 유전 정보는 생식을 통해 다음 세대로 또는 세포분열을 통해 딸

> 유전물질이 가져야 될 특성을 생각하여 무엇이 유전물질로 더 적절할지 자신의 논리로 생각해보게 한다.

세포로 정확히 전달할 수 있어야 한다.

- 생물의 진화과정에 변이를 일으켜 다양한 생물 진화의 원동력이 될 수 있어야 한다.

1-2. 이러한 특성을 가진 유전물질로서 여러분은 어느 것이 더 합당하다고 생각하는가? 그렇게 생각한 이유는?

단백질이라고 생각하는 경우	DNA라고 생각하는 경우
유전정보의 다양성을 설명하기에 단백질이 더 유리하므로	실험결과로 보면 DNA를 유전물질로 생각할 수 있으므로

탐 색

2. 영국 보건성에 근무하던 그리피스는 한 폐렴 환자의 타액에서 4~5가지 종류의 폐렴균을 발견하였다. 이 환자가 매번 다른 폐렴균에 감염된 것인지, 폐렴균이 자신을 변화시켜 여러 형태가 되었는지를 밝히기 위한 실험에서 다음과 같은 결과를 얻었다.

[폐렴쌍구균을 이용한 그리피스의 실험(1928)]

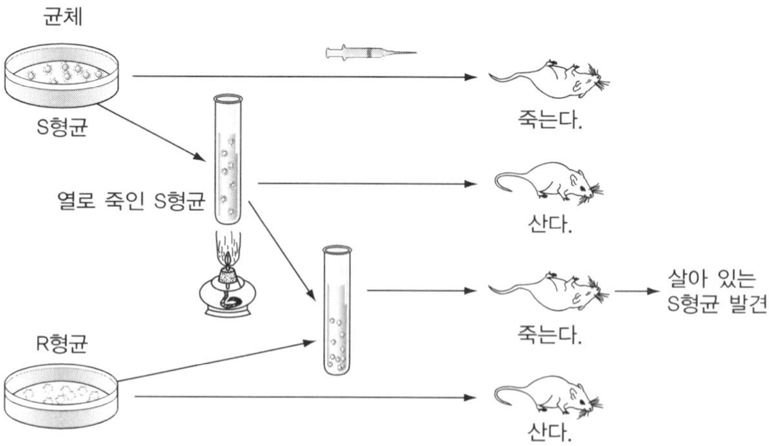

2-1. 폐렴균 중 R형은 비병원성이나 S형은 병원성이다. 이런 차이는 무엇 때문인지 각각의 특성을 조사해보자.

R형	S형
• 거친 외양, 작은 콜로니 형성 • 껍질의 재료인 다당류 생성에 필요한 효소를 합성하지 못하는 돌연변이형	• 반짝, 매끈한 큰 콜로니 형성 • 젤라틴 같은 껍질 갖고 있어 동물체 내에서 파괴 안 되고 독성 발휘
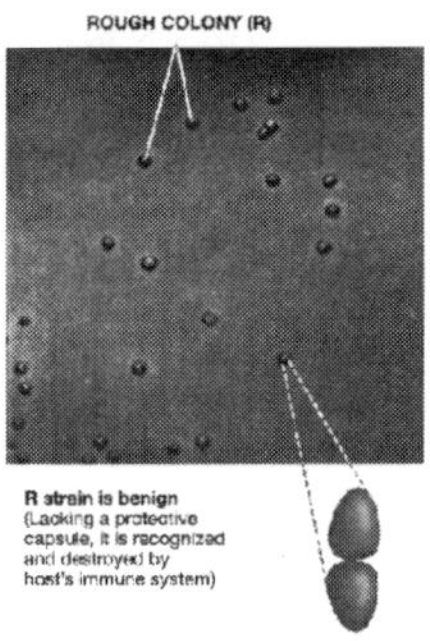	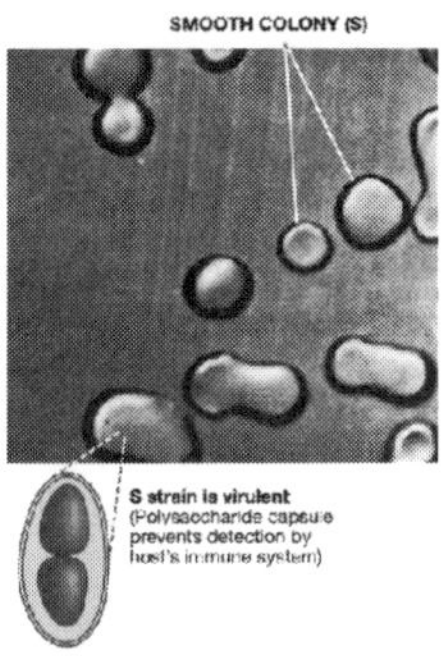

〈출처 : 위키백과〉

실험 내용에 앞서 폐렴쌍구균의 특성을 파악하여 실험내용의 이해를 돕는다.

2-2. 그리피스의 실험을 보면서 드는 의문점을 모두 적어보자.

- 어떻게 죽은 박테리아가 병원성을 나타낼 수 있을까?
- 죽은 S형균이 다시 살아난 것일까?
- R형균에서 어떻게 S형균이 발견될 수 있을까?
- 죽은 S형균이 어떻게 R형을 S형으로 변화시킨 것일까?
- 열에 강한 물질이 S형이 R형을 S형으로 변화시킨 것일까?
- R형이 돌연변이를 일으켜 S형으로 된 것은 아닐까?

실험에 대한 의문점을 찾아보게 하고 이에 대해 그리피스는 어떻게 해결했는지 실험결과를 보고 추론하게 하여 과학자의 사고과정을 경험할 수 있게 한다.

2-3. (a) ~ (d)까지의 실험결과를 간단히 정리해보자.

실험	결 과
(a)	살아있는 S형균을 쥐에 주사하였더니 쥐가 죽었다.
(b)	R형균을 쥐에 주사하였더니 쥐가 살았다.
(c)	열로 죽인 S형균을 주사하였더니 쥐가 살았다.
(d)	열로 죽인 S형균을 살아있는 R형균에 주사하였더니 쥐가 죽었다.

2-4. 앞의 의문점들을 그리피스의 실험결과로 해석해보자.

- 죽은 S형균이 살아날 수는 없으므로 S형균에서 어떤 물질이 나와 R형균에게 전달되어 R형을 S형으로 전환시켰다.
- 그 물질은 열에 안정한 성분일 것이다.

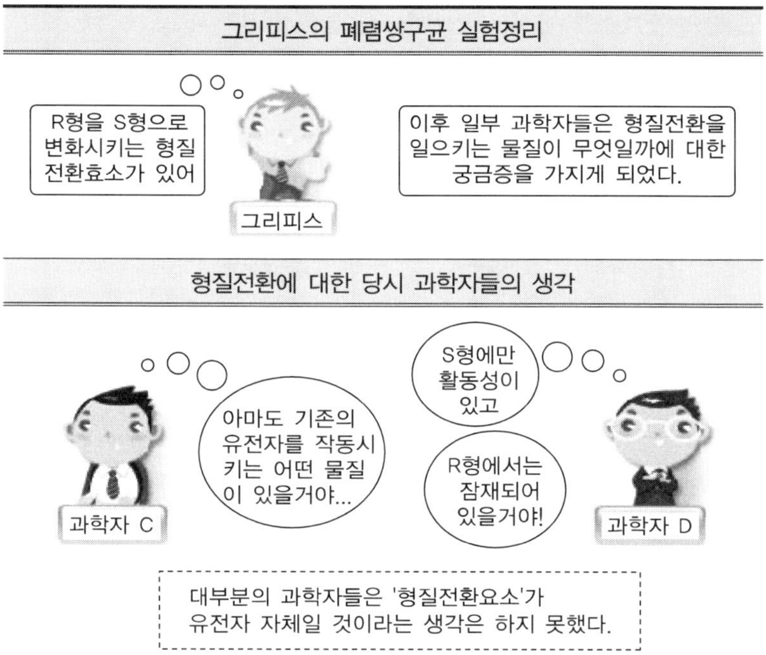

〈출처 : http://ilovealps.tistory.com/323〉

아이디어제시 (idea pool)

> 인터넷이나 문헌자료 검색을 통해 아이디어의 기초자료를 수집할 수 있다.
>
> 직접 실험으로 확인할 수 있든 없든 방법적인 면에서 다양하게 아이디어를 제시해보게 한다.

3. 그리피스는 형질전환실험을 통해 그것이 유전물질로 작용함을 알아냈지만 그것이 어떤 물질인지 실험적으로 증명하지는 못했다. 만일 여러분이 그리피스 당시의 과학자라면 이를 어떻게 알아내겠는가?

- 열처리한 S형균의 세포 추출물에 DNase와 Proteinase를 각각 처리하고 R형균의 세포와 섞은 후 쥐에 주사하고 폐렴여부를

관찰한다.

- 보다 안전한 균주를 이용할 수 있다면 그것으로 대처한다.

아이디어선별

4. 감염의 위험이 없는 균주를 이용하여 제시된 여러 가지 아이디어 중 직접 검증이 가능한 방법을 선정해보자.

균주의 종류	균주의 특징
pGreen	앰피실린에 저항성을 가지며 연두색을 띰
JM103	앰피실린 저항성이 없고 색을 띠지 않음

4-1. 균주의 특성을 고려하여 각 배지에 따른 콜로니 형성 유무를 알아보자. (LB 배지 : 가장 일반적인 박테리아 배지로 사용됨)

균주의 종류 / 배지의 종류	pGreen	JM103
LB	콜로니 형성	콜로니 형성
LB + 앰피실린	콜로니 형성	콜로니 없음

4-2. 이를 이용하여 유전물질의 본질을 알아낼 수 있는 방법을 생각해보자.

- pGreen의 세포를 터뜨려 단백질 분해 효소와 DNase를 각각 처리한 뒤 JM103에 섞어주고, LB + 앰피실린 배지에 배양하여 콜로니 형성 여부를 확인한다. 콜로니가 생기지 않는 쪽에 처리한 물질이 유전물질이 된다.

실험용 균주의 종류는 학생들이 생각하기 어려운 부분이므로 교사의 도움이 필요하다. 일반적으로 실험용으로 사용하는 안전한 균주를 제시해주고 균주의 특성을 파악하게 하여 실험설계를 스스로 할 수 있도록 유도한다.

탐구설계 (아이디어디자인)

학생들의 설계에 따라 실험을 수행하는 과정에서 세부적인 절차는 교사가 도움을 주되 학생들에게 그 단계가 왜 필요한지 충분히 생각해보게 한다.

5. 선별된 아이디어로 유전물질을 검증할 수 있는 실험을 설계해 보자.

[실험주제]

유전물질은 단백질일까? DNA일까?

[실험설계]

발생하는 문제점들은 모둠별로 토의하여 해결점을 찾아보도록 한다.

1. pGreen을 LB + 앰피실린 고체 배지에 배양하여 콜로니 형성 유무를 확인한다.
2. pGreen을 LB + 앰피실린 액체 배지에 배양하여 세포를 농축한 뒤 2군데로 나누어 넣는다.
3. 세포를 터뜨린 후 Proteinase와 DNase를 각각 처리한다.
4. JM103에 넣어준다.
5. LB + 앰피실린 고체 배지에 각각 배양한다.
6. 각 배지의 콜로니 형성 유무를 확인한다.

실험 수행 중 주의해야 할 사항이나, 실험에 필요한 기술적 방법 등에 대하여 항목별로 정리하도록 한다.

[예상결과] 콜로니 형성

1. Proteinase 처리 배지 : 유전물질은 DNA
2. DNase 처리 배지 : 유전물질은 단백질

박테리아 형질전환 실험

1. LB plate 제조 : LB 배지 + Agar(1.5%)

박테리아는 plate상에서 자라 콜로니를 형성하는데 한 개의 콜로니는 한 개의 클론으로부터 자란 것이므로 이를 분획하여 실험에 이용할 수 있다.

1) LB 배지(1L 기준)

박토 트립톤(bacto-tryptone) 10g, 박토 이스트 추출액(bacto-yeast extract) 5g, NaCl 10g을 950mL의 증류수에 녹인 후 pH7로 맞추기 위해 5N NaOH(약 200μL)를 첨가하고 증류수로 1L로 채운 후 고온 가압 멸균(121°C, 2기압, 10 ~ 15분)한다.

2) 배지에 첨가되는 항생제의 양
Stock 용액 : amp 50mg/mL, Working 용액 : 40μg/mL

3) 배양하기
- 소독한 백금이로 stock tube에 있는 균을 찍어 plate에 도말한다.
- 접종한 plate를 sealing한 후 37°C에서 12시간 정도 배양한다.
- 콜로니의 형성 유무를 확인한 후 4°C에서 보관한다.

2. Competent cell의 제조

1) LB plate에 자란 콜로니를 LB 배지 2mL에 접종 후 37°C에서 12시간 정도 배양한다.
2) 배양액 1mL를 100mL의 LB 배지가 담긴 플라스크에 넣고 OD_{600}이 0.4가 될 때까지 37°C shaking incubator에서 키운다.
3) 배양액을 50mL 튜브에 넣고 얼음에 10분간 둔다.
4) 4°C에서 4,500rpm으로 10분간 원심분리한다.
5) 상층액을 제거한 후 여과한 0.1M $CaCl_2$ 용액을 차게 하여 원래 부피의 1/2을 넣고 부유시킨다.
6) 얼음에 15분 둔 후 다시 원심분리(4°C, 3,000～4,000rpm, 10분)한다.
7) 상층액을 버리고 처음의 1/10부피의 $CaCl_2$ 용액으로 부유시킨다.
8) 얼음에 30분 둔 후 차게 한 microtube에 200μL씩 분주한다.
9) 사용할 때까지 deep freezer(-70°C)에 보관한다.

3. 형질전환

1) competent cell tube(200μL)를 녹인 후 얼음에 넣는다.
2) 형질전환용 용액(10μL 이하)을 competent cell에 넣고 tipping하여 부드럽게 섞은 후 얼음에 30분간 둔다.
3) 42°C에서 90초간 열충격을 준다.
4) 얼음에 2～3분 둔 후 LB 또는 SOC 배지 800μL를 넣고 잘 섞은 후 37°C에서 45분간 shaking incubator에서 배양한다.
5) 10,000rpm으로 15초간 원심분리한다.
6) 상층액을 약 850μL 정도 버린다.
7) 나머지 150μL로 침전물을 부유시키고 미리 37°C에 두었던 LB (ampicillin첨가) 배지에 pipette으로 적당량 떨어뜨린 후 밀대로 골고루 펴준다.
8) 37°C에서 12시간 정도 배양하면 콜로니를 관찰할 수 있다.

결과분석 및 아이디어검증활동

발표를 통해 다른 모둠의 실험결과와 비교하면서 자신의 실험 결과를 명료히 한다.

6-1. 실험결과를 plate에 그리고 비교해보자.

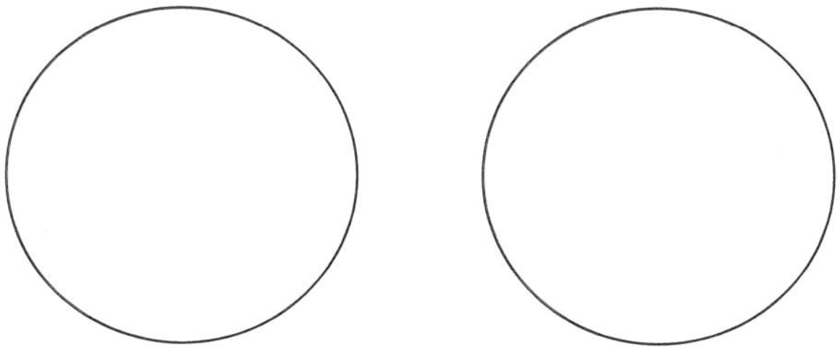

[Proteinase 처리] [DNase 처리]

6-2. 이 결과는 유전물질이 무엇임을 말해주는 것인가?

- DNA

6-3. 그렇게 생각하는 이유를 설명해보아라.

- 세포추출물을 배양하여 콜로니가 형성된다는 것은 세포 속에 들어있는 유전물질이 다음 세대의 세포로 전달되어 정상적인 생명활동이 일어난다는 증거가 된다. DNase 처리 배지에서는 콜로니가 형성되지 않았고 Proteinase 처리 배지에 콜로니가 자랐다는 것은 유전물질이 단백질이 아니라 DNA임을 말해주고 있다.

아이디어확정

7-1. 다음은 유전물질로 추정된 그리피스의 형질전환요소를 추출하여 분석한 에이버리의 실험자료이다. 유전물질로 추론할 수 있는 것은 단백질과 DNA 중 어느 것일까? 그렇게 생각한 이유는?

분리한 유전물질과 DNA의 화학적 분석결과					
No.	C	H	N	P	N/P 비
	%	%	%	%	
37	34.27	3.89	14.21	8.57	1.66
38B	–	–	15.93	9.09	1.75
42	35.50	3.76	15.36	9.04	1.69
44	–	–	13.40	8.45	1.58
DNA성분	34.20	3.21	15.32	9.05	1.69

실제로 유전물질이 DNA임을 증명한 에이버리의 실험자료를 제시하고 자신의 실험과 비교하면서 DNA가 유전물질임을 확실히 한다.

- 유전물질의 본질 : DNA
- 이유 : DNA의 성분에는 인(P)이 포함되어 있으나 단백질에는 인이 포함되지 않는다. 성분 분석결과 DNA의 조성과 거의 비슷하다.

7-2. 에이버리(1944)는 S형균의 어떤 물질이 형질전환을 일으키는가를 알아보기 위해 S형균의 세포 추출물에 여러 가지 효소를 처리하여 다음과 같은 결과를 얻었다. 이 실험으로 알 수 있는 사실은?

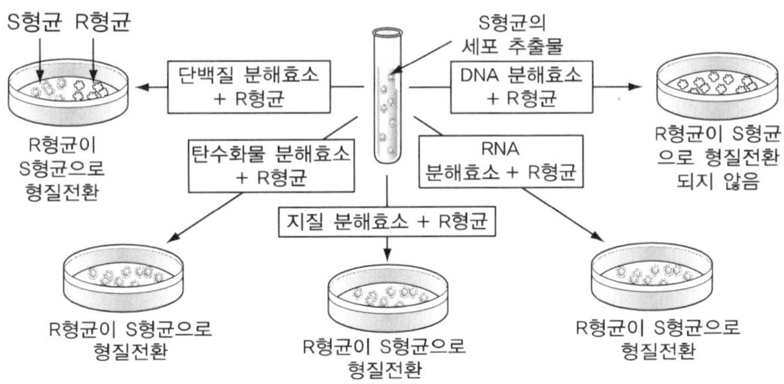

- S형균의 세포 추출물에 DNase를 처리한 후 R형균에 넣어주었을 때만 형질전환이 일어나지 않은 것으로 보아 형질전환을 일으키는 물질은 DNA이다.
- DNA는 유전물질이다.

아이디어적용 (일반화)

허시와 체이스는 파지의 유전물질이 DNA임을 밝힘으로써 에이버리의 실험을 확증하였고 이로써 유전물질이 DNA라는 사실에 종지부를 찍게 되었다.

8. 허시와 체이스(1953)는 방사성 동위원소를 사용하여 바이러스의 유전물질이 DNA임을 증명하는 실험을 하였다. 이 실험은 에이버리의 결과를 명백하게 증명해 준 실험이었다. 이를 뒷받침하려면 원심분리한 침전물과 상징액에는 각각 어떤 방사성 물질이 검출되어야 하는가? 그 이유는 무엇인가?

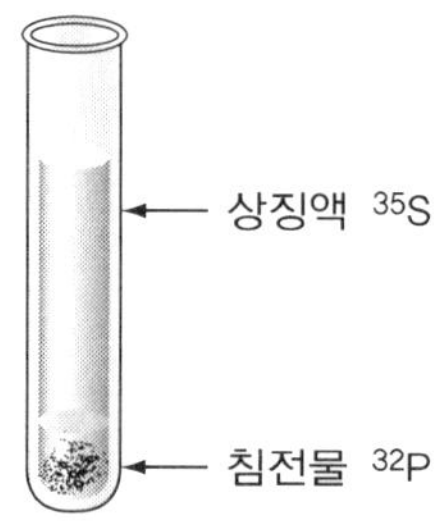

[이유]

무거운 대장균 세포들은 아래쪽에 가라앉게 되므로 유전물질이 DNA라면 아래쪽의 대장균에게서 ^{32}P가 검출되어야 하고, 떨어져나간 파지의 단백질 껍질은 가벼우므로 상징액에서 ^{35}S가 검출될 것이다.

07 열은 무엇인가

수업모델 아이디어산출형 – 교수적도움

이 수업은 과학자의 연구형태 중 아이디어산출형으로 진행된다. 열을 열소라는 개념으로 이해하던 시절이 있었다. 하지만, 몇몇 과학자들은 열을 열소의 개념이 아니라, '열은 에너지가 아닐까?' 라는 새로운 아이디어(아이디어 산출)를 만들어 열적현상을 훌륭하게 설명해낸다. 본 수업에서는 열이 에너지의 한 형태라는 것과 과학자들이 아이디어를 생성하는 과정을 학습하고자 한다. 아이디어산출형의 연구과정에서 본 모듈은 idea pool이 아닌 하나의 아이디어의 제시과정이며, 따라서 아이디어선별과정이 빠져있다.

『아이디어산출형의 수업과정』

현상제시 → 탐색 → 아이디어제시(idea pool) → 아이디어선별 ↓ → 탐구설계 → 결과분석 및 아이디어검증활동 → 아이디어확정 → 아이디어적용(일반화)

(아이디어제시에서 탐색으로 되돌아가는 화살표: 탐색 ↑―――↑ 아이디어제시)

수업개요

학생들은 주로 경험을 통하여 열을 '온도를 높이는 능력'으로 알고 있다. 에너지에 대한 정의도 학습을 통해 '일을 할 수 있는 능력'으로 알고 있다. 또한, 이미 학습을 통하여 열을 에너지로 알고 있는 학생도 있기 때문에, 수업의 초기에 학습의 방향을 미리 말해둘 필요성이 있다. 열이 에너지임을 알아가는 수업과정을 통하여 학생 스스로 열이 에너지라는 결론에 도달하도록 수업이 구성되어 있다.

수업안내

- 수업 대상 : 중학생 이상
- 예상 소요시간 : 3시간
- 수업 준비물 : 뜨거운 물, 얼음, 알코올램프, 액정온도계, 장갑, 에어캡, 동선 등

학습목표

1. 열이 에너지의 한 형태임을 이해한다.
2. 열이 에너지임을 알아가는 과정을 통하여 과학자의 연구과정을 학습한다.

현상제시

우리 주변에서 일반적으로 볼 수 있는 열로 인한 현상이다.

1. 다음에서 보여주는 몇 가지 실험의 관찰 내용을 적어보자.

[시범실험]

1. 뜨거운 물을 공기 중에 둔다.
2. 얼음을 공기 중에 둔다.
3. 알코올램프로 물을 끓인다.

[관찰내용]

1. 뜨거운 물이 식어 공기 온도와 비슷하게 된다.
2. 얼음이 녹아 물이 된다.
3. 물의 온도가 올라간다.

1-1. 이러한 현상은 무엇 때문에 일어나는 것일까?

- 열 때문에, 열이 발생하기 때문에 등

탐 색

2. 다음에 주어진 실험을 직접 해보면서, 열이 가지고 있는 특성을 알아보자.

액정온도계는 온도에 따라 액정의 색깔이 변한다.
열에 대하여 매우 민감하므로 외부로부터의 열 출입이 차단될 수 있도록 실험에 유의한다.

2-1. 첫 번째 실험 및 결과 정리하기

[실험주제]

납 구슬이 들어있는 병을 흔들었을 때의 변화

[실험과정]

1. 액정온도계가 들어있는 플라스틱 병을 에어캡으로 감싼다.

2. 장갑을 끼고 플라스틱 병을 50번, 100번 흔들었을 때, 액정 온도계의 변화를 관찰한다.

[실험결과]

흔든 횟수에 따른 액정온도계의 변화를 적어보자.

- 흔든 횟수가 증가할수록 온도가 높아진다. 흔들수록 온도가 올라간다.

2-2. 두 번째 실험 및 결과 정리하기

[실험주제]

얼음과 뜨거운 물 속에서 피스톤의 변화

풍선의 크기 변화를 확인하기 위하여 종이컵에 넣어 유성펜으로 선을 표시하거나, 풍선을 종이컵에 꽉 채워 넣은 후 실험을 하면 쏙 들어가게 되는 변화를 볼 수 있다.

[실험과정]

1. 피스톤에 적당량의 공기를 채우고, 밀폐시킨다.
2. 공기가 들어있는 위치를 빨간색 유성펜으로 표시한다.
3. 얼음이 들어있는 수조에 피스톤을 잠기게 한 후 변화를 관찰한다.
4. 끓는 물에 피스톤을 잠기게 하여 변화를 관찰한다.

[실험결과]

온도에 따라 피스톤은 어떻게 변화되는지 적어보자.

- 온도가 낮아지면 피스톤이 압축되어 피스톤 속 공기의 부피가 줄어들고, 온도가 높아지면 피스톤이 밀려나 부피가 커진다.

2-3. 두 실험의 결과로부터 열과 관련된 변화를 정리해보자.

- 첫 번째 실험결과 : 일(운동)이 열로 바뀌었다.
- 두 번째 실험결과 : 열이 부피를 변화시켰다. 열이 일을 했다.

2-4. 실험을 통해 알게 된 열의 특성에는 어떤 것이 있을까?

- 일이 열로, 또는 열이 일로 전환될 수 있다.

2-5. 이런 현상을 관찰할 수 있는 다른 예에는 어떤 것이 있는지 토의해보자.

- 찌그러진 탁구공을 뜨거운 물에 넣으면 펴진다.
- 손을 비비면 따뜻해진다. 등

아이디어제시 (idea pool)

3. 처음에 선생님이 보여준 시범실험과 여러분이 직접해본 두 실험 사이에서 공통점과 차이점을 생각해보자.

3-1. 공통점

- 열이 발생하거나, 열에 의해 나타나는 현상이다.

3-2. 차이점

- **첫 번째 실험** : 열이 존재한다. 열이 이동한다.
- **두 번째 실험** : 운동을 통해 열이 만들어진다. 열이 피스톤을 밀어낸다. 부피변화를 만든다.

3-3. 지금까지 정리한 내용을 바탕으로 '열이 과연 무엇일까'에 대해 논의하여 발표해보자.

- 열은 온도변화의 원인이지만, 일을 통해(운동을 통해) 열이 발생하는 것이나, 열이 피스톤을 밀어 내는 일을 하는 것으로 보아, '열이 에너지가 아닐까?'를 생각할 수 있다.

탐구설계 (아이디어디자인)

4. 열과 관련된 아이디어를 검증할 수 있는 실험을 설계해보자.

4-1. 아이디어를 검증할 수 있는 실험에는 어떤 것이 있을까?

- 열이 에너지라면 어떠한 형태로든 일을 할 수 있고 일을 통하여 열이 발생할 수 있으며, 에너지 사이의 전환이 가능하다.

4-2. 확인 가능한 실험을 설계해보자.

- 운동으로 열을 발생하는 상황의 실험, 에너지가 전환되는 실험 등

결과분석 및 아이디어검증활동

5. 고안한 실험으로 열에 대한 아이디어를 확인해보자.

5-1. 다음의 활동을 통해 열이 무엇일까 생각해보자.

첫 번째 활동으로부터 결론이 얻어지는 경우에는 두 번째 [전류가 흐르면서 무엇을 할까]의 실험은 생략해도 좋다.

[활동]

운동이 만드는 것은 무엇일까?

[활동과정]

1. 손잡이를 돌려 불이 켜지는 손전등을 작동시킨다.
2. 한참 작동시킨 후 손전등을 손으로 만져본다.

[활동결과]

실험을 통해 확인한 사실을 기록해보자.

- 운동이 전류를 만든다. 운동이 전기를 만든다. 운동에너지가 전기에너지를 만든다. 등

- 운동이 열을 만든다. 운동에너지가 열에너지를 만든다.

5-2. 다음 실험으로 열이 무엇인가에 대한 생각을 정리해보자.

2mm 에나멜동선 10M 길이에 5V를 공급하면 약 4.4W의 발열이 되므로 절연체에 촘촘히 감으면 1분 이내에 40도까지 올라간다.

[실험]

전류가 흐르면서 무엇을 할까?

[실험과정]

1. 에나멜선이 촘촘히 감겨 있는 절연체의 양 끝에 전원을 연결한다.
2. 시간에 따라 어떤 변화가 생기는지를 확인한다.

[실험결과]

시간에 따라 나타나는 변화를 기록해보자.

- 시간이 지남에 따라 온도가 올라간다.
- 전기에너지로 열을 만든다.

5-3. 각 활동과 실험의 결과를 통해 얻을 수 있는 결론은 무엇인지 논의해보자.

- 운동이 전류나 열을 만들고, 전류가 흘러 열이 발생했다는 것은 운동에너지나 전기에너지가 열을 만들었다는 것을 의미하므로 열도 에너지의 한 형태임을 확인할 수 있다.

아이디어확정

6. 그 동안의 활동을 통해 열이 무엇인가에 대한 생각을 정리해보자.

6-1. 어떤 경우에 열이 발생하는가?

- 일을 통해서, 전류가 흐를 때, 열이 발생한다.

6-2. 열은 무엇을 할 수 있는가?

- 열은 일을 하거나 운동을 하게 한다.

6-3. 열은 무엇일까?

- 열은 에너지이다. 열은 에너지이면서 일로 전환되기도 하고, 다른 형태의 에너지로 전환되기도 한다.

아이디어적용 (일반화)

7. 지금까지 열이 무엇인지를 알아보았다. 사실은 우리 주변에서 이미 이러한 열의 특성을 잘 나타낼 수 있는 다른 예가 많이 있다. 어떤 것이 있을지 논의해보자.

- 증기기관차 등

8. 수업 마무리 : 과학자 소개

많이 알려져 있고, 아직도 널리 쓰이는 열의 단위인 칼로리는 과거 많은 사람들에게 믿어지고 있던 열에 관한 칼로릭 이론에서 유래된 용어이다. 열이 이동한다는 표현 속에는 아직도 열이 어떤 원소로 이해되는 칼로릭 이론의 사고방식이 숨어있다. 열소의 이동으로 설명할 수 없는 몇 가지 현상들을 보고, 몇몇 과학자들은 열이 에너지일 것이라는 새로운 아이디어를 냈다. 이 아이디어로부터 현재 열과 에너지 사이의 양적 관계까지 알게 되었다.

과학자 소개

1. 1800년대까지 열과 관련된 주된 이론
   물체의 온도가 내려가고 올라가는 과정에 열소가 나가고 들어간다. (칼로릭 이론)
2. 폰 마이어 (1814～1878)와 줄 (1818～1889)
   열은 발생하거나 없어지지 않으며 이동할 뿐이라고 설명하는 칼로릭 이론이 잘못되었으며, 생물의 체내, 열기관 등에서 실제로 열이 발생한다. 이때 열은 에너지의 형태로 전달, 전환된다.

08 자연의 분수 만들기

수업모델 아이디어산출형 – 도움중지

이 수업은 일반적으로 알려진 과학적인 사실이나 원리들로부터 새로운 아이디어를 생성하거나 2가지 이상의 아이디어를 융합 또는 직관을 사용하는 과정이 포함된다. 문제제기, 현상의 원리파악은 추가된 단계이다.

『아이디어산출형의 수업과정』

현상제시 → 탐색 → 문제제기* → 현상의 원리파악* → 아이디어제시 (idea pool) → 아이디어선별
↓
탐구설계 → 결과분석 및 아이디어검증활동 → (↑ 아이디어제시)
결과분석 및 아이디어검증활동 → 아이디어확정 → 아이디어적용 (일반화)

수업개요

이 수업은 과학자의 연구형태 중 아이디어산출과 관련된 도움중지 단계로 신비로운 자연 현상으로 여겨지는 간헐천(geyser)의 주기적인 분출을 재현해보고, MBL을 이용하여 분출 주기를 측정함으로써 주기를 조절할 수 있는 변인을 스스로 탐구하여 간헐천 구조 모델을 만들어 보는 활동이다. 분수를 높이 뿜어 올리게 하는 방법, 관의 길이, 관의 굵기 등의 조절에 따른 간헐천의 주기 변화 등에 대한 아이디어를 만들고 구현하는 과정으로 이루어져 있다. 이 단계는 수증기를 액화시켜 만들 수 있는 분수의 원리를 반전시키고(reverse)와 주변에서 쉽게 구할 수 있는 재료를 다른 용도로 사용하거나(put to other use) 변형시키며(modify), 직관을 이용하는 등의 과학자의 창의적인 사고과정을 경험할 수 있는 활동이 이루어진다. 이 과정에서는 교사는 최소한의 도움을 제공하여 학생들이 스스로 다양한 아이디어를 만들어 간헐천 모형을 만들 수 있도록 한다.

수업안내

- 수업 대상 : 고등학생 이상
- 예상 소요시간 : 3시간
- 수업 준비물 : 빨대, 가지 달린 시험관, 파스퇴르 피펫, 고무관, 초벌구이 자기병, 기타 본문 참조

학습목표

1. 간헐천의 분출 원리를 이해하고 간헐천 모형 분수를 만들 수 있다.
2. 간헐천 모형 만들기를 통해 아이디어를 구성하고 확장 및 적용해 가는 과학자의 연구형태와 사고과정을 학습한다.

현상제시 및 탐색

1. 미국 옐로우스톤 국립공원이나 뉴질랜드, 아이슬랜드, 시베리아의 캄차카에는 땅에서 물이 높게 솟구쳐 분출하며, 자욱한 수증기를 토해내는 자연 현상을 볼 수 있다. 이들 중 유명한 것이 Old Faithful Geyser인데 약 70분 간격으로 40 ~ 50m 높이의 물기둥이 4분간 뿜어져 나온다. 증기를 방출하는 샘의 웅덩이는 조류와 박테리아에 의해 다양한 색조로 땅 표면이 물들어 있어 장관을 이룬다.

[Castle Geyser]

[Old Faithful Geyser]

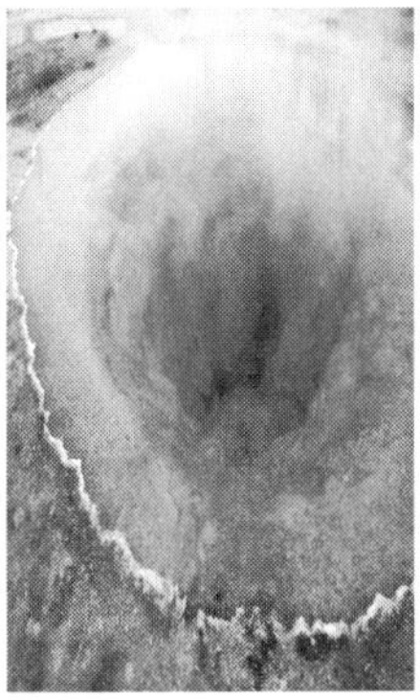
[Morningglory pool]

영화 '잃어버린 세계를 찾아서'의 한 장면이다.

관찰한 현상이나 궁금한 내용을 적어보도록 유도한다.

다양한 간헐천 사진이나 동영상을 제시해주고 분수현상에 관심을 유도한다.
(영화 '잃어버린 세계를 찾아서'는 이 영화는 SF의 아버지라 불리는 프랑스의 과학소설가 쥘 베른이 쓴 '지구 속 여행'을 원작으로 하여 제작되었다.)

[과정 1]

이 영화에서 주인공들은 마그마로 인해 온도가 상승하는 지구 내부에서 지상과 연결된 바다를 거슬러 올라가며 여러 모험을 하게 된다. 주인공들이 지상으로 탈출하기 위해 어떤 방법을 구상하게 되는가?

- 마그마에 의해 데워진 물과 수증기를 이용하려고 한다.

[과정 2]

암모니아 분수, 이산화탄소 분수, 여러 가지 화학 반응을 이용하여 만든 분수들과 자연이 만들어 내는 분수(geyser)의 공통점과 차이점을 찾아 함께 이야기해보자.

- 공통점 : 압력을 높이거나 낮춤으로써 물을 상승시킨다.
- 차이점 : 분수 현상이 나타나는 시간의 차이, 즉 화학 분수는 한 번 반응에 의해 짧은 시간 동안 일회적인 현상으로 나타나지만 Geyser의 경우 오랜 기간 반복적이며 주기적으로 분수 현상이 나타난다.

문제제기

2. 주기적으로 솟아오르는 분수를 구성해보고 분수의 분출 주기를 예측할 수 있는 방법을 구상해보자.

- 간헐천과 같이 주기성을 가질 수 있는 분수를 만들고 MBL을 이용하여 분출 주기를 측정한다.

아이디어산출형이 문제해결형과의 차이를 경험할 수 있는 단계로 기본원리를 이해하고 이를 확대 적용하여 새로운 아이디어를 만들 수 있도록 해야 한다. 특히 교수적도움이 중지되는 단계이므로 스스로 원리를 파악하여 적용할 수 있도록 격려하는 것이 중요하다.

현상의 원리파악

3. 다음과 같은 장치로 이루어진 분수의 현상을 관찰해보자.

헬륨 기체 분수의 원리를 이해할 수 있도록 시범실험이나 동영상자료를 이용할 수 있다.

① 빨대의 양쪽에 실리콘 마개를 마주보게 꽂는다.

② 한쪽에는 가지 달린 시험관을 장치하고 다른 한쪽에는 초벌구이 자기병을 끼운다.

③ 가지달리 시험관의 가지와 파스퇴르 피펫을 짧은 고무관으로 연결한다.

④ 파스퇴르 피펫과 빨대 사이를 고무줄로 서로 묶어 피펫이 넘어가지 않고 바르게 서도록 한다.

⑤ 가지달린 시험관에 색소를 넣은 물을 가득 채우고 그림과 같이 스탠드에 고정시킨다.

⑥ 헬륨을 수상치환으로 비커에 모아 초벌구이 자기병 위에 덮는다. (헬륨 기체는 작은 통으로 구입이 가능하다.)

3-1. 비커를 초벌구이 자기병에 덮어씌우면 어떤 변화가 일어나는지 관찰해보자.

- 피펫으로 물이 솟아올라 분수가 된다.

3-2. 위의 장치에서 분수가 생기는 원리를 정리해보자.

- 비커 속에 들어 있는 기체가 초벌구이 자기병의 미세한 구멍을 통하여 자기병의 안쪽으로 밀려들어가고 자기병 속의 공기는 밖으로 나오는데, 이때 헬륨의 확산 속도가 공기의 확산 속도 보다 빨라 자기병 안의 기체 압력이 커져 물이 밀려 나오게 된다.

3-3. 암모니아 기체 분수(또는 이산화탄소 분수)와 헬륨 기체 분수의 공통점과 차이점은 무엇인가?

- 공통점 : 기체를 이용하여 분수를 구성
- 차이점 : 암모니아나 이산화탄소 분수의 경우 기체의 용해시켜 용기 내 기체의 압력을 낮추었고, 헬륨 기체 분수의 경우 확산을 통해 기체의 압력을 높여 물이 솟아오르도록 구성하였다.

아이디어제시 (idea pool)

도움중지 단계에서는 열린 형태의 다양한 아이디어를 스스로 구성하도록 해야 한다. 따라서 학생의 다양한 생각을 수용하고 아이디어에 논리적인 오류가 생기지 않도록 해야 한다.

4. 주기적으로 솟아오르는 분수에 대한 아이디어를 제안해보자.

- 주기적으로 압력이 크기를 조절하여 물이 오르내릴 수 있도록 한다.
- 간헐천을 기본원리를 이해하고 이것을 이용하여 분수를 구성한다.
- 간헐천의 모형을 만들고 컴퓨터를 기반으로 하는 측정기구를 사용하여 주기를 알아본다.

5. 분수를 구성하는 데 제안된 아이디어를 이용할 수 있도록 인터넷이나 문헌자료를 검색하여 자료를 찾아보자.

간헐천의 분출 현상에 관한 기본원리

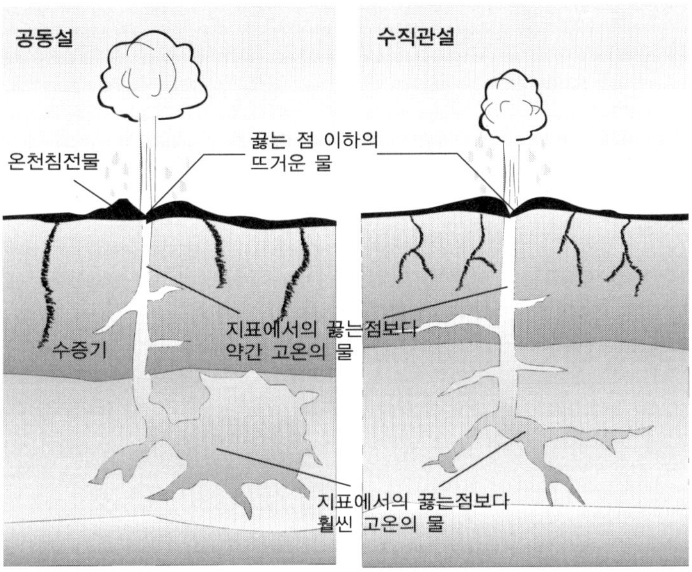

지하의 깊은 곳에서 상승한 고온의 열수나 수증기가 보통의 지하수와 비교적 얕은 곳에서 혼합될 때 일어나는 현상으로, 수온은 그 지방의 물의 끓는점보다 높다. 지하의 열이 더 높으면 연속적으로 분출하는 비등천이 되고, 열이 식어 수온이 끓는점 이하가 되면 보통의 온천이 된다. 분출 주기는 몇 분에서 몇 주일, 높이는 몇 m에서 수십 m에 이르는 것까지 있다.

간헐천의 분출메커니즘에 대해서는 지하의 공동에 괸 물이 밑에 있는 과열증기·지열 등에 의한 수증기압에 밀려서 분출한다는 공동설, 수직인 분수관의 상부와 하부의 온도차에 의해 불완전대류가 일어난다는 수직관설 등이 있다.

〈출처 : 두산백과사전〉

아이디어선별

6. 모둠원들이 제안한 아이디어들에 대하여 토의하고 실험실에

서 구현 가능한 아이디어로 통합하거나 수정해보자.

- 가열 장치를 사용하여 땅 속 마그마와 같이 지속적으로 물을 가열할 수 있도록 한다.
- 온도와 압력의 변화를 통하여 주기를 예측할 수 있도록 센서를 부착한다.
- 유리관이나 금속관을 꽂아 관을 타고 물이 솟아오르도록 하고 다시 원래 물이 담겨있던 용기로 되돌아가도록 한다.
- 아이디어통합 및 수정
  가열장치, pyrex flask, 핫플레이트, 길이와 지름이 다른 유리관, 스탠드, MBL센서 등을 이용하여 간헐천 모형을 설계하고 만든다.

탐구설계 (아이디어디자인)

학생들은 다양한 제안을 할 수 있고 이것을 실험실 상황에 맞게 구성하도록 한다.

7. 모둠별로 결정된 아이디어로부터 간헐천 모형을 만드는 실험을 수행하기 위한 실험과정을 설계해보자.

실험설계의 예

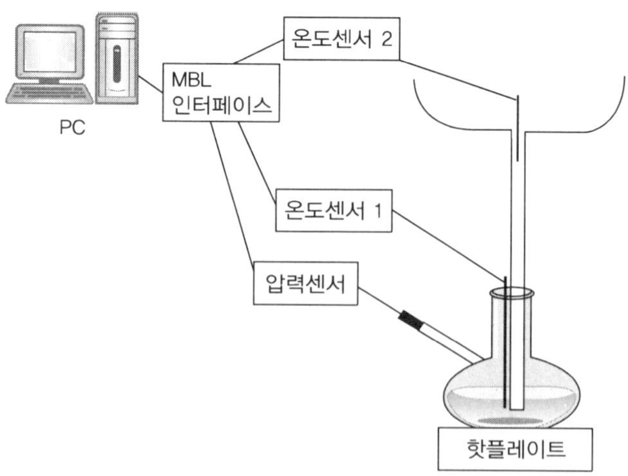

① 그림과 같이 장치를 꾸민다.
② 250mL 또는 500mL 삼각플라스크에 물을 채운다.
③ 지름이 다른 3종류의 유리관을 준비하여 60cm 이상의 길이로 자른다.
④ 플라스틱 용기의 바닥을 뚫고 실리콘을 이용하여 유리관을 고정시킨다.
⑤ 플라스크와 플라스틱 용기 사이를 유리관으로 연결하고 흔들리지 않도록 지지한다.
⑥ 각각의 연결 부위에서 물이 새어나오지 않도록 막고 그림과 같이 MBL 센서를 설치한다.
⑦ heater를 이용하여 가열한다.

결과분석 및 아이디어검증활동

8. 설계한 실험과정대로 간헐천 모형 만들기 실험을 수행해보자.

자연의 분수 만들기의 예

[사고실험]

- 간헐천 모형의 원리는?
  플라스크 내부의 물을 가열 → 증기압이 증가 → 플라스크 내부의 물이 분출 → 플라스크 내부의 압력이 감소 → 분출되었던 물이 다시 유리관을 통해 플라스크 안으로 내려옴 → 플라스크 내부의 물이 다시 가열되어 분출 → 반복됨
- 유리관의 굵기는 어떤 영향을 미칠까?
  모세관 현상에 의해 얇은 유리관일 때 간헐천이 더 잘 분출될 것이라고 예상
- 유리관의 길이는 간헐천의 분출에 어떤 영향을 미칠까?
  유리관이 길수록 간헐천의 분출 주기가 길어질 것이다.
- 플라스크 내부의 물의 양은?
  간헐천의 분출량이 플라스크 내부에 넣는 물의 양이기 때문에 유리관의 길이와 굵기에 비해 충분한 양이어야 한다.

가지부분으로 물이 압력센서에 닿지 않는 범위에서 최대로 넣어야 한다.

- 플라스크에 유리관을 담그는 정도는?
  플라스크 내부의 물이 분출되게 하기 위해서 물 속에 잠기게 한다.

[1차 실험설계]

- 유리관이 얇을수록 모세관현상에 의해 간헐천이 높게 분출될 것이다. → 유리관 지름 : 0.3cm
- 유리관 길이는 큰 영향이 없을 것이다. → 유리관 길이 : 60cm
- 위쪽에서 분출되는 물을 받을 수 있는 가벼운 플라스틱 용기를 설치하자. 이때 플라스틱 바닥에 구멍을 뚫고 위쪽의 유리관을 높이가 같게 하여 분출된 물이 그대로 내려올 수 있게 조절하자.

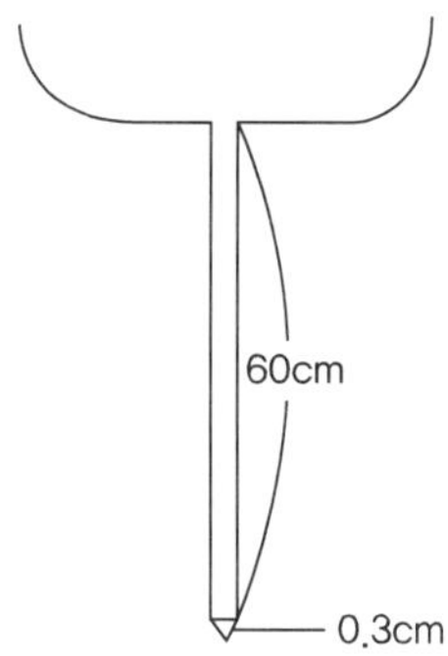

[실험결과]

- 간헐천 모형을 만드는 중에 유리관이 너무 가늘어서 부러졌다. 두꺼운 것으로 교체해야겠다.
- 바가지 밖으로 물이 다 튀어버려 되돌아가는 물의 양이 줄어든다. 이것의 영향으로 주기가 점점 짧아졌다.

> 문제를 해결하기 위한 방안에 대한 논의도 함께 이루어질 수 있도록 한다.

> 학생들이 제안한 아이디어를 실험으로 옮기는 과정에서 발생하는 문제점을 해결하도록 도와준다.

9. 설계한 실험과정대로 수행할 때 발생하는 문제점은 무엇이며 문제점을 해결하기 위해서는 어떻게 해야 할까?

[2차 실험설계]

- 위쪽 플라스틱 바가지 대신 뭔가 높은 것으로 바꾸어야 한다.
  → 생수통을 쓰자.

- 생수통을 그대로 사용하면 생수통 내에 증기가 차서 온도가 생수통 내부의 압력이 계속 증가하기 때문에 분출이 더 늦어지고 물의 잘 올라오지 않을 수 있다. 또한 플라스크가 압력을 이기지 못하고 깨질 위험이 있다. → 생수통에 구멍을 여러 곳에 뚫어서 대기압과 같도록 하자. → 생수통에 작게 온도센서 구멍도 뚫어서 온도센서를 집어넣는다. → 유리관의 높이를 생수통 마개와 일치시키기 어렵다. (→ 약간 위쪽으로 나오게 하고 물을 유리관 높이 만큼 채운다.)
- 생수통 원래 마개를 뚫기 쉬우므로 생수통 원래 마개를 사용하자.
- 유리관 지름은 0.3cm로 하고, 길이는 70cm로 변경한다.

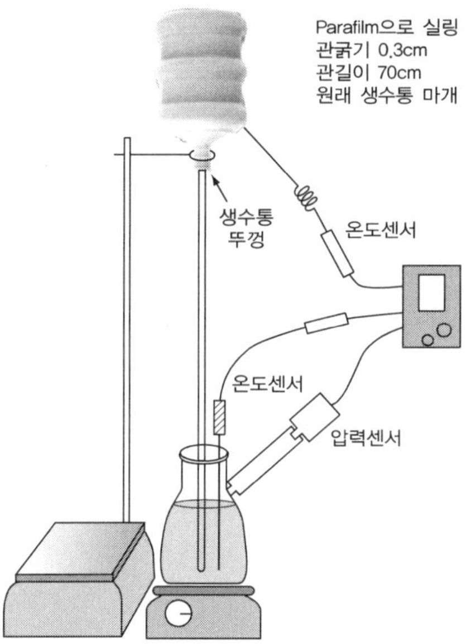

[실험결과]
- 연결 부위에 사용했던 글루건과 파라필름이 녹았고 생수통 원래 마개가 부실해서 물이 새어나왔다.
- 관이 너무 얇아서 위태롭다.

[3차 실험설계]
- 실험 ②와 같은 생수통
- 유리관이 지름이 너무 얇아서 생수통을 지탱하기 어려움. → 유리관 길이는 70cm 그대로 사용한다.
- 생수통 원래 마개대신 실리콘 마개를 사용한다.
- 랩으로 먼저 실링 후 파라필름으로 실링한다.

Ⓢ 발생하는 문제점들은 모둠별 수행 상황에 따라 다양하게 나타날 것이다.

Ⓢ 다양하게 발생하는 문제점들은 그 원인을 찾아보고 해결방안을 토의를 통해 정교화 시키며 적용한다.

Ⓢ 아이디어 풀(idea pool)을 활용하여 다각도로 문제에 접근하고 해결 방법을 찾도록 유도한다.

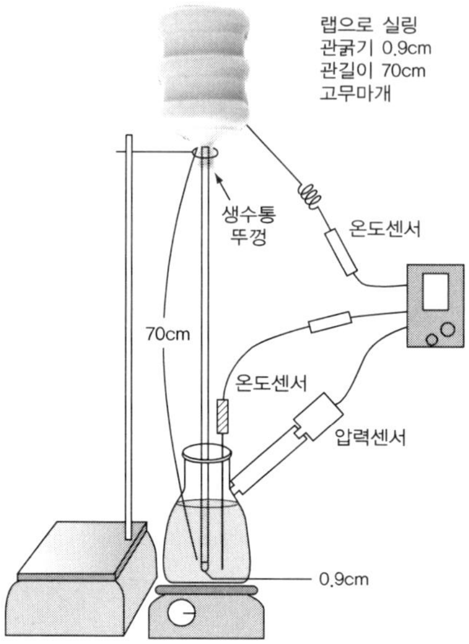

[실험결과]

- 랩으로 실링 했더니 녹지는 않는데, 물이 랩 안으로 차서 결국 물이 샌다.
- 생수통 안에 물이 온도센서를 넣기 위해 뚫은 구멍 위쪽까지 차서 그 구멍으로도 물이 새서 실험이 실패했다.

[4차 실험설계]

- 실험 ③과 같은 생수통
- 열에 강한 <u>테플론 테이프</u>로 실링

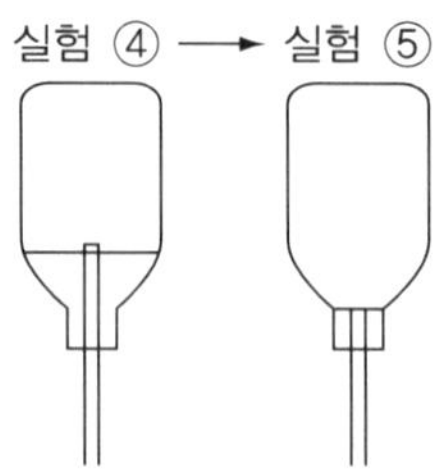

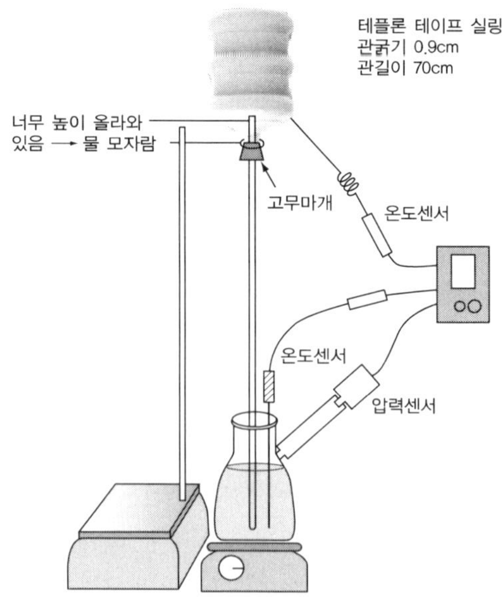

[실험결과]

- 생수통에 유리관이 너무 깊게 꽂혀서 아래로 내려오는 물의 양이 모자랐다. 그림처럼 변경하여 설치하면 올라온 물이 다시 내려갈 때 최대의 양이 될 것이다.
- 생수통 내부에 증기압이 계속 차서 실험이 제대로 되지 않는다. 구멍을 더 크게 뚫어야 할 것 같다.
- 간헐천 주위의 자연 상태처럼 생수통 내부의 온도를 낮게 유지해야 수증기가 쉽게 냉각되어 물이 될 수 있는 시스템이 필요하다.

[5차 실험설계]

- 생수통 위쪽에 구멍을 크게 뚫는다. (분출된 물이 튀지 않도록 가운데는 살짝 막는다.)
- Cooling System 구축하자!
  → 생수통 아래에 실험 ①의 바가지 설치하고 얼음주머니를 넣어 온도를 낮게 유지시키자.

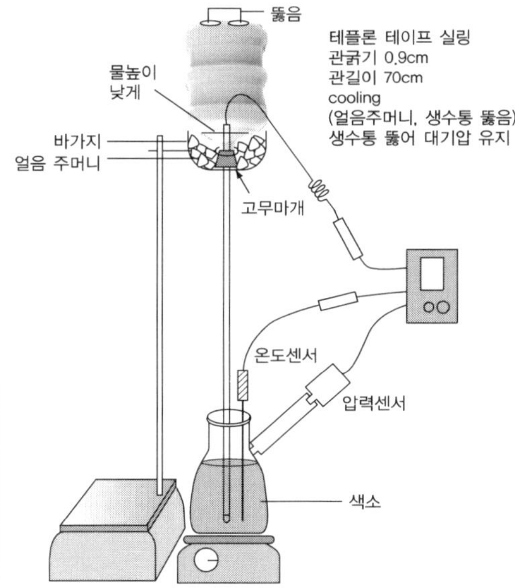

- 물이 올라가는 것이 잘 보이게 하기위해 초록색 색소를 이용하자.

[실험결과]

대성공!!! 주기적으로 물이 오르내리면서 통쾌한 분출 쇼를 연출한다.

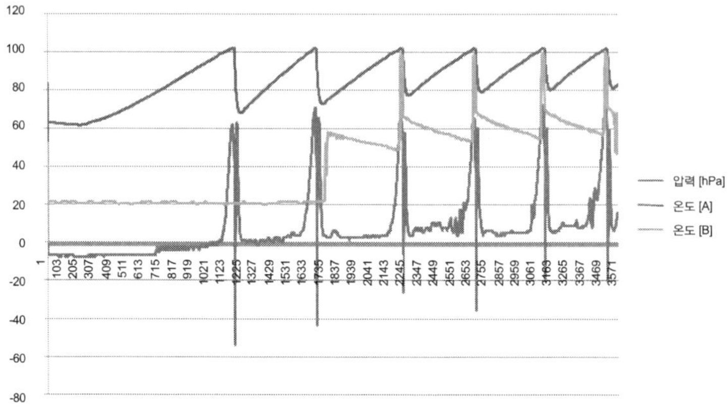

물의 온도(온도 A)가 높아지면서 유리관에 물이 올라오기 시작하고 102°C가 되면 최대의 수증기 압력이 되어 간헐천이 분출한다. 잠시 후에 위쪽의 물(온도 B)의 온도가 60°C 이하로 낮아지면 물이 확 쏟아져 내려감과 동시에 압력이 낮아진다. 내려온 물이 다시 가열되고 분출이 반복된다.

아이디어확정

10. 간헐천 모형을 통해 자연의 분수가 만들어지는 원리를 설명해 보자.

[그래프 분석을 통한 간헐천의 분출원리]

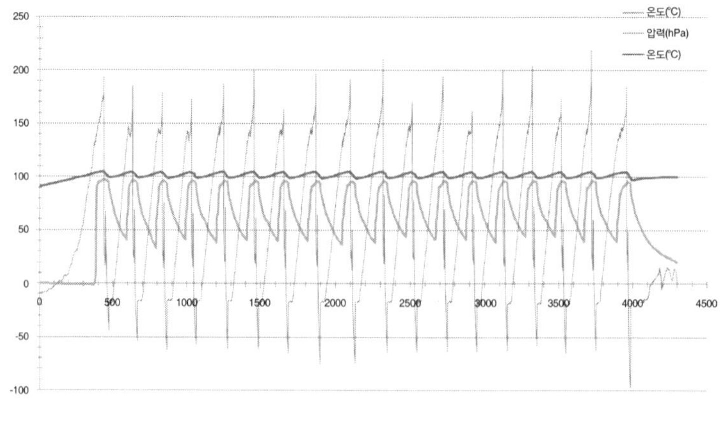

그래프를 보면 압력과 온도가 밀접하게 연관되어 있음을 알 수 있다. 처음에 삼각플라스크로 가열을 해줌에 따라 증발하는 수증기의 양이 늘어나고, 이에 따라 플라스크 내부의 증기압이 증가한다. 이 증기압은 온도에 비례하기 때문에 온도그래프와 압력그래프가 같이 증가하는 모습을 볼 수 있는 것이다. 또한 MBL로 측정할 때는 플라스크 내부와 바깥의 상대적 차이를 재는 것이므로 MBL에 0hPa라고 나오는 것은 내부의 압력과 대기압이 동일하다는 말이 된다. 따라서 0hPa를 넘었을 때 대기압보다 더 센 압력으로 물의 표면을 누르게 되니 물이 위로 올라가게 되는 것이다. 60hPa 부근에서 유리관의 1/2 높이 가량을 물이 올라가며, 125hPa에서 유리관 끝까지 물이 올라가는 것도 역시 높은 온도로 인한 증기압의 증가가 물을 위로 올렸다는 증거가 될 것이다. 유리관 끝에까지 물이 올라온 뒤 바로 분출하지 않고 정지하는 이유로 추측되는 것은, 부착력보다 응집력이 그 부분에서 상당히 커야 밖으로 물이 나올 수 있기 때문에, 응집력을 이겨낼 수 있는 압력이 추가로 가해져야 밖으로 분출이 가능할 것 같다. 따라서 몇 초간 머무르면서 증기압이 더 세지기를 기다렸다가 물이 방출되는 것 같다. 또한 물이 나오기 전에 수증기가 솟구치는데 유리관 안에 들은 물로 인해 어느 정도 삼각플라스크에 가해지는 외부 압력(대기압 + 수압)이 대기압보다 크고 이로 인해 삼각플라스크 내부의 온도는 100°C 이상으로 증가하게 된다.

결국 100°C에서 끓는 것보다 더 높은 온도에서 끓게 되면서 그 온도가 되서야 삼각플라스크 내에 기포 방울들이 생기는데, 밀도차에 의해 물보다 가벼운 방울들은 위로 올라가면서 수압이 감소해 부피가 커지고, 그로 인해 급격히 끓게 되어 빠르게 공기 중으로 방출되어 수증기가 분출되는 것이다. 삼각플라스크의 온도는 높아지니 방울들이 점점 더 많이 생기면서 유리관 윗부분에서 급격히 끓게 되면 이에 따라 물도 같이 방울들에 밀려서 밖으로 밀려나게 됨으로써 응집력이 극복되어 물이 밖으로 솟구치게 되고, 물의 수소결합으로 인한 강한 분자 간 인력으로 나머지 물들이 솟구치는 물에 의해 딸려서 올라가게 될 것이다.

25hPa 이하의 압력이 되어야 물이 아래로 내려오는 이유는 25hPa 이상까지는 플라스크 내부의 증기압으로 내부의 물을 버틸 수 있지만 그 이하의 경우는 증기압이 더 이상 물을 떠받칠 힘이 없기 때문에, 물이 다시 삼각플라스크로 내려오게 되고 압력의

최저점에서 모든 물이 다 내려오면서 압력의 하강이 끝나게 되는 것이다.

따라서 다시 간헐천의 원리는 온도차로 인해 압력차가 발생하고 이로 인해 물이 공중으로 솟구치게 되며, 다시 삼각플라스크의 압력이 낮아져 올라갔던 모든 물들이 다시 다 아래로 내려오게 되면서 이 과정이 반복되어 주기성을 띠게 되는 것이다.

실험 수행 중 주의해야 할 사항이나, 실험에 필요한 기술적 방법 등에 대하여 항목별로 정리하도록 한다.

11. 실험과정 중 발생한 문제점들과 원인을 규명하고 문제점을 해결하는 과정에서 알아낸 사실이나 실험에 유용한 자신만의 Know-how를 정리해보자.

실험을 통해 알아낸 것들

- 플라스크 안쪽의 유리관은 플라스크 바닥에 거의 맞닿을 정도로 낮추어야 물이 모두 상승할 수 있다.
- 위쪽 물의 냉각을 위해서 얼음을 사용할 수도 있고 보다 빠른 냉각을 위해서 한제(소금, 질산암모늄, 염화칼슘 등)를 이용할 수 있다.
- 플라스틱 바가지에서 물이 튀어 줄어드는 것을 방지할 수 있는 방법으로 페트병이나 생수통을 이용할 수 있다.
- 유리관의 길이를 길게 하면 아래쪽 플라스크 안쪽의 물의 온도와 위쪽 플라스틱 바가지 안의 물 온도 차이를 크게 만들 수 있다.

아이디어적용 (일반화)

12. 모둠별로 완성한 새로운 분수 만들기 실험에 대하여 안내하는 프리젠테이션 자료를 만들어보자.

> 발표된 여러 분수에서 기체의 존재와 압력 변화라는 공통 요소를 추출하여 정리함으로써 분수에 대한 일반화를 유도한다.

13. 자연의 분수 만들기 발표에서 제안된 분수들의 특징을 정리해보고, 분수를 구성할 때 고려해야할 필수적인 조건에 대하여 논의해보자.

> 과학자들은 자신이 가진 아이디어를 구체화하여 발표하고 토론을 통하여 다양한 의견을 수용하며, 자신의 아이디어에 대한 평가를 받고, 공동체와 의사소통한다. 따라서 발표와 토론과정이 과학자의 연구과정의 한 과정임을 인식하도록 한다.

- **간헐천의 분출 주기에 영향을 주는 요인**
  표면의 온도와 지하의 온도 차이가 가장 큰 영향을 준다. 상층과 하층의 온도 차이가 크다면 간헐천이 더 잘 분출되어 분출 주기가 짧아질 것이다. 온도 차이가 많이 나기 위해선 관의 길이가 길수록 좋고 관의 굵기가 작으면 물의 대류를 막아 관의 위와 아래의 온도 차이가 많이 날 것이다.
- **간헐천의 분출 높이에 영향을 주는 요인**
  간헐천 분출 높이가 높다는 것은 간헐천에서 물이 뿜어져 나오는 세기가 세다는 의미일 것이다. 아래에서 끓이는 플라스크에 수증기가 많아진다면 수증기가 더 큰 힘으로 물기둥을 밀어 올릴 수 있다. 그러므로 큰 용기에 많은 물이 담겨야 할 것이다. 또한 물이 올라갈 때 안에 있던 수증기가 식지 않고 함께 올라간다면 분출 높이가 높아질 것이다.

09 유전자는 어디에 있을까?

수업모델 아이디어산출형 – 도움중지

이 수업은 과학자의 연구형태 중 아이디어산출과 관련된 도움중지에 해당한다. 유전물질이 핵산이라는 것과 염색체를 통하여 유전된다는 사실을 밝히기까지의 과정을 간접적으로 경험해 보면서 과학적 사고방식과 연구방법에 대하여 접해 볼 수 있다.

『아이디어산출형의 수업과정』

현상제시 → 탐색 → 아이디어제시(idea pool) → 아이디어선별
(아이디어제시(idea pool) → 탐색으로 되돌아감)
↓
아이디어적용(일반화) ← 아이디어확정 ← 결과분석 및 아이디어검증활동 ← 탐구설계

수업개요

멘델에 의해 유전물질이 입자로 존재한다는 사실이 밝혀진 이후 과학자들의 관심은 그 유전인자가 세포 속의 어디에 존재하는가에 관한 것이었다. 이를 밝히려는 과학자들의 연구들을 과학사적으로 접근, 유전자가 핵 속의 염색체에 존재한다는 서턴의 염색체설로 이어지게 한다. 서턴은 멘델의 유전인자의 행동과 염색체의 행동을 비교하여 염색체설을 제시하였지만 이를 실험적으로 증명하지는 못하였다. 학생들은 서턴 당시의 과학자가 되어 과학사를 참고하여 염색체설을 증명할 수 있는 여러 가지 아이디어를 제시하게 된다. 이중 직접적으로 검증이 가능한 방법을 선택하여 이를 바탕으로 실험을 설계하고 수행하도록 한다. 이 과정은 도움중지에 해당하므로 학생들 자신이 과학자가 되었다고 생각하고 잠정적인 가설을 증명하기 위해서 과학자들이 어떻게 실험을 설계하고 아이디어를 제시하여 실험을 수행하고 이를 이론화하는지 과학자들의 사고과정을 배울 수 있고, 실험활동을 통하여 과학자의 연구형태를 경험할 수 있도록 한다.

수업안내

■ 수업 대상 : 고등학생 이상
■ 예상 소요시간 : 3시간
■ 수업 준비물 : 기타 본문 참조

학습목표

1. 서턴의 염색체설을 초파리 교배 실험을 통해 확인할 수 있다.
2. 유전자와 염색체의 관계를 설명함으로써 과학자의 사고과정과 연구과정을 학습한다.

현상제시

1. 멘델은 유전 원리를 설명하면서 부모로부터 물려받은 형질을 결정하는 유전적 요소는 입자와 같은 특성을 지닌 것으로, 쌍으로 되어 있으며 생식 세포를 만드는 과정에서 서로 분리된다고 하였다(1865). 그 후 과학자들은 이러한 유전적 요소가 세포 속의 어디에 존재하는지 알아내기 위해 많은 연구를 시도하였다. 이에 앞서 미셔(1869)와 플레밍(1879)도 핵에 관한 연구를 진행하여 다음과 같은 결과를 얻었다.

유전학의 과학사적 흐름에 따라 연구 주제의 흐름을 자연스럽게 생각해보도록 한다.

미셔와 플레밍의 연구를 정리해봄으로써 유전자와 염색체의 관계를 추정해볼 수 있게 한다.

〈출처 : www.hellodd.com/.../Article_View.asp?mark=23922?〉

1-1. 미셔와 플레밍의 연구 내용과 이를 통해 내린 결론은 각각 무엇인지 적어보자.

	미 셔	플레밍
연구 내용	• 핵질을 분리함 • 핵질은 약알칼리에 녹음 • 핵을 펩신으로 처리하면 얻을 수 있음 • 핵질은 인을 포함, 염색이 잘되는 성질 가짐 • 핵질=단백질+핵산 (알트만) • 순수 DNA 분리에 성공	• 핵에서 염색체 발견 • 유사 분열 과정 관찰 • 염색체는 알칼리에 잘 녹음 • 펩신에는 녹지 않음 • 염색체의 물리적 특징, 염색 친화성은 단백질과는 다른 물질임을 말해줌
결론	핵산은 단백질과 다른 물질	염색체는 핵질과 동일 물질

미셔와 플레밍 연구의 공통점을 파악하게 한다.

1-2. 플레밍은 자신이 관찰한 염색체가 미셔의 핵질일 것이라고 가정하였다. 이 사실은 어떤 의미가 있는가?

- 염색체는 단백질이 아닌 다른 물질이다.
- 염색체는 핵산이다.
- 핵산은 단백질이 아니다.

플레밍이 중요한 발견을 하고도 멘델의 유전자와 DNA를 연결시키지 못한 점을 지적함으로써 DNA와 유전자를 연관시켜 생각하는 관점이 중요하다는 인식을 하게 한다.

1-3. 미셔와 플레밍의 업적은 DNA 발견에 결정적인 전환점을 제공하였으나 직접적인 기여는 하지 못했다. 그 이유는 무엇인가?

- 이를 유전 현상과 관련지어 생각하지 못했다.

탐 색

2. 1900년대에 이르자 현미경의 발달과 더불어 세포학에 대한 지식이 쌓이면서 멘델이 제시한 유전적 요소의 존재를 세포 수준에

서 확인할 수 있게 되었다. 서턴(1902)은 다음과 같이 염색체의 행동이 멘델이 주장한 유전적 요소의 분리 현상과 매우 유사하다는 사실을 발견하였다.

멘델이 가정한 유전인자의 행동	서턴이 가정한 염색체의 행동
• 하나의 형질 발현에 관여하는 유전인자는 쌍으로 들어있다. • 쌍을 이루는 대립유전자는 생식 세포 형성 시 각각 분리되어 다른 생식세포로 들어간다. • 대립유전자는 수정과정을 거쳐 다시 쌍을 이룬다.	• 체세포에는 쌍을 이루고 있는 상동염색체가 들어있다. • 감수분열 시 상동염색체는 분리되어 각각 다른 생식세포 내로 들어간다. • 생식세포가 수정되면 수정란에서 상동염색체가 다시 쌍을 이룬다.

서턴은 멘델의 유전자와 염색체의 행동의 유사점을 파악하여 염색체를 유전과 연관시킴으로써 유전자로서의 DNA 발견에 가까이 다가 갔음을 깨닫도록 한다.

2-1. 멘델과 서턴이 가정한 유전인자와 염색체의 행동을 다음 표에 모식도로 나타내보자.

제시된 자료를 모식화해보면서 유전자와 염색체의 유사점을 명확히 이해할 수 있게 한다.

	멘델의 유전인자의 행동	서턴의 염색체의 행동
모세포	AA / aa [대립유전자]	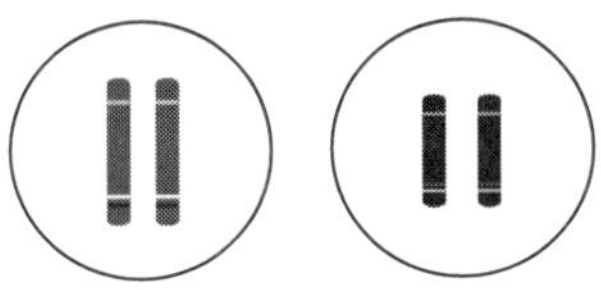 [상동염색체]
생식세포	A / a	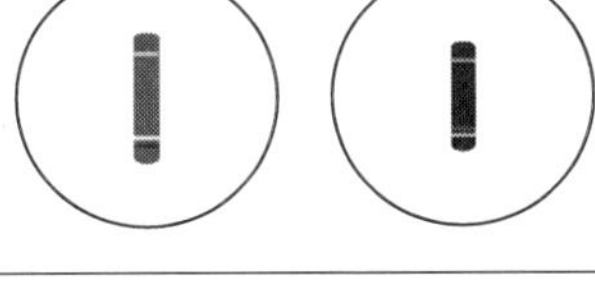
수정란	Aa	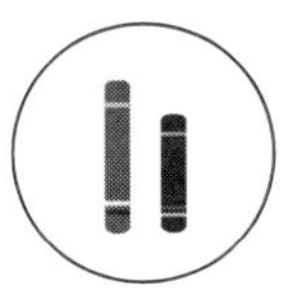

위에서 관찰한 사실들을 서턴의 입장에서 생각해보게 하여 염색체설을 가정하게 된 서턴의 사고과정을 경험하게 한다.

2-2. 이를 토대로 서턴이 가정한 사실은 무엇일까?

- 상동염색체는 대립유전자와 행동을 같이 한다.
- 염색체가 곧 유전자이다.
- 유전인자는 염색체 위에 존재하는 작은 입자이다.
- 염색체와 유전자는 동일하다.
- 염색체 속에 유전자가 들어있다.

인터넷이나 참고자료를 이용할 수 있다.

2-3. 서턴의 '염색체설'을 간단히 정리해보자.

- 메뚜기의 감수분열을 관찰하여 거의 동일한 염색체가 쌍을 이루고 있다가 생식세포 형성 시 서로 분리되는 현상을 관찰하여 멘델의 유전적 요소는 염색체와 결합되어 있다는 유전의 염색체설을 제시하였다.

아이디어제시 (idea pool)

염색체에 이상이 있을 경우 질병이 생기는 유전 질환이 있음을 생각해보게 하고 여러 가지 자료 검색이나 인터넷을 이용해 조별 토의가 원활히 진행되어 다양한 아이디어가 제시될 수 있도록 한다.

3. 서턴은 유전자가 염색체 위에 있다는 염색체설을 제시하였으나 이를 실험적으로 증명하지는 못했다. 여러분이 서턴 당시의 과학자가 되어 염색체설을 입증할 수 있는 아이디어를 조별 토의를 통하여 다양하게 제시해보자.

- 사람 염색체 수의 돌연변이에 의한 유전질환을 이용한다.
  다운증후군($2n=47$) : 21번 염색체 수 3개
  클라인펠트증후군($2n=47$) : 성염색체가 XXY로 3개 (불완전한 남자)
  터너증후군($2n=45$) : 성염색체가 X로 1개(불완전한 여자)
- 염색체에 X선을 조사해 인위적으로 돌연변이를 유발한다.
- 흰눈 초파리 교배 실험을 이용한다.

아이디어선별

4. 모둠원들이 제안한 아이디어들에 대하여 토의한 후 이중 실험실에서 수행 가능한 아이디어를 선별해보자.

- 흰눈 초파리의 반성유전을 이용한다.
  이유 : 다른 방법에 비해 조작이 간단하고 손쉽다.

제시된 여러 가지 아이디어 중 실제로 검증이 가능한 가장 적합한 방법이 무엇인지 토의하여 선택하게 한다. 이때 과학사적인 토대가 무엇인지 함께 고려해보게 한다.

아이디어제시 (idea pool)

5. 결정된 아이디어로부터 염색체설을 증명하기 위한 실험을 설계해보자.

[실험설계의 예 – 초파리의 흰눈 돌연변이체 교배 실험]

야생형(♀)	흰눈(♂)

① 야생형 암컷과 흰눈 수컷을 구하여 교배시킨다.
② 관찰 일지에 기록한다.
③ F_2의 분리비를 구하고 암수 개체수를 세어본다.

학생들이 제안한 아이디어를 실험으로 옮기는 과정에서 발생하는 문제점을 해결하도록 한다. 초파리 교배 방법이나 암수 구별법 등은 인터넷이나 참고자료를 이용하도록 한다.

실험 수행 중 주의해야 할 사항이나, 실험에 필요한 기술적 방법 등에 대하여 항목별로 정리하도록 한다.

결과분석 및 아이디어검증활동

6-1. 초파리 교배 실험을 수행하고 관찰 일지에 기록해보자.

교배형(A, B)	야생형(♀) × 흰눈(♂)			
P 교배 날짜				
P 제거 날짜				
F_1 처음 깬 날짜				
F_1 표현형				
F_1 옮긴 날짜				
F_1 제거 날짜				
F_2 처음 깬 날짜				
F_2	야생형		흰눈	
	♀	♂	♀	♂
F_2 개체수				

6-2. F_2의 표현형의 비는 얼마인가?

야생형 : 흰눈	3 : 1

조별 발표를 통해 다른 모둠의 결과들과 비교해보도록 한다. 또한 통계적으로 유의미한 결과가 나올 수 있도록 전체 결과를 합하여 생각해보게 한다.

6-3. 야생형과 흰눈의 암수 비율은 각각 얼마인가?

야생형 암수 비율	흰눈 암수 비율
약 1 : 1	흰눈은 모두 수컷

6-4. 흰눈을 만드는 유전자가 상염색체상에 있다면 흰눈의 암수 비율은 어떻게 나와야 하는가?

암 : 수	약 1 : 1

이 결과가 염색체설을 설명하는 것임을 깨닫도록 한다.

6-5. 실제 교배 결과 나온 흰눈 초파리의 암수 비율이 의미하는 것은 무엇인가?

- 흰눈을 결정하는 유전자는 상염색체에 존재하지 않는다.
- 흰눈 유전자는 성염색체와 연관되어 있다.

6-6. 이 결과를 서턴의 염색체설과 연관지어 설명해보자.

- 흰눈 유전자의 암수 비율은 이 유전자가 성염색체상에 있다는 증거가 되므로 유전자가 염색체에 존재한다는 서턴의 염색체설을 입증하는 것이다.

아이디어확정

7. 제시된 3가지 실험자료들을 보고 물음에 답해보자.

염색체의 이상이 곧 유전자의 이상과 연결되어 형질로 발현되는 여러 가지 자료들을 통해 형질로 발현됨을 이해하도록 하여 유전자가 염색체에 있음을 확인한다.

실험자료 1

핵산을 물에 녹여 257.3nm의 자외선을 쪼였더니 끈끈한 정도가 약해지고 성질 변화가 크게 나타났다.

실험자료 2

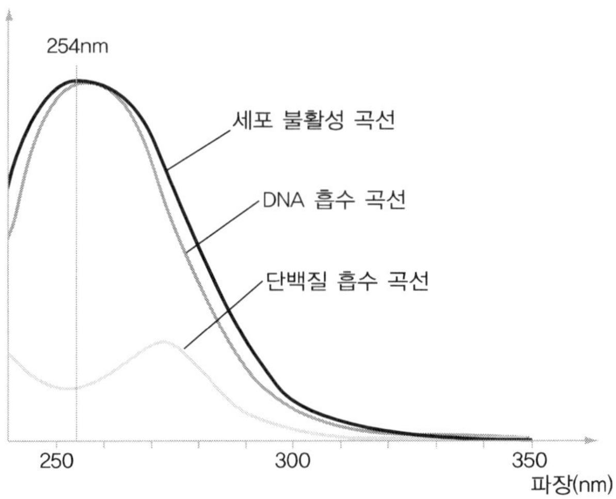

실험자료 3

자외선 조사량(J/m^2)	염색체 이상 빈도(%)	세포 분열 지수(%)
0	3	9.9
100	22	6.5
200	37	2

7-1. 실험자료 1에서 알 수 있는 사실은?

- 핵산은 자외선에 영향을 받는다.

7-2. 실험자료 2가 의미하는 바는 무엇인가?

- 약 254nm의 파장에서 세포 불활성의 정도는 최대이다.
- 약 254nm의 자외선은 DNA에 의해 흡수된다.
- 약 254nm의 자외선은 세포 불활성화에 기여한다.
- 약 254nm의 자외선은 DNA에 변이를 유발해 세포를 불활성화 시킨다.
- 약 254nm의 자외선은 단백질에 흡수되지 않는다.
- 세포 불활성은 자외선에 영향을 받지 않는 단백질에 의한 것이 아니라 자외선에 영향을 받는 DNA에 의한다.

주어진 자료를 해석하여 염색체설과 연관지어 적용할 수 있도록 한다.

7-3. 자료 3을 해석해보자.

- 자외선 조사량이 증가할수록 염색체 이상은 증가한다.
- 자외선 조사량이 클수록 세포 분열 지수는 낮아진다.
- 염색체 이상이 클수록 세포 분열 지수는 낮아진다.
- 자외선은 염색체 이상을 유발하고 세포 분열이 제대로 일어나지 못하도록 한다.

7-4. 이 자료들을 염색체설과 연관지어 설명해보자.

- 실험자료 2
  254nm에서 DNA 흡수률이 최대이고 이때 세포의 불활성정도가 최대인 것으로 보아 자외선은 DNA를 포함하는 염색체에 영향을 주고 염색체 속의 유전자에 영향을 주므로 세포가 불활성화되는 것이다.
- 실험자료 3
  자외선은 염색체에 이상을 일으키고 세포 분열이 제대로 일어나지 못하게 하므로 염색체에 이상이 있다는 것은 곧 유전자에 이상이 생겼다는 것이므로 염색체설을 뒷받침하는 증거가 된다.

아이디어적용 (일반화)

8. 다음은 어떤 유전형질의 발현을 나타낸 가계도이다. 이 형질의 유전방식을 추론해보자.

초파리의 흰눈 유전이 반성유전임을 상기시킨다.

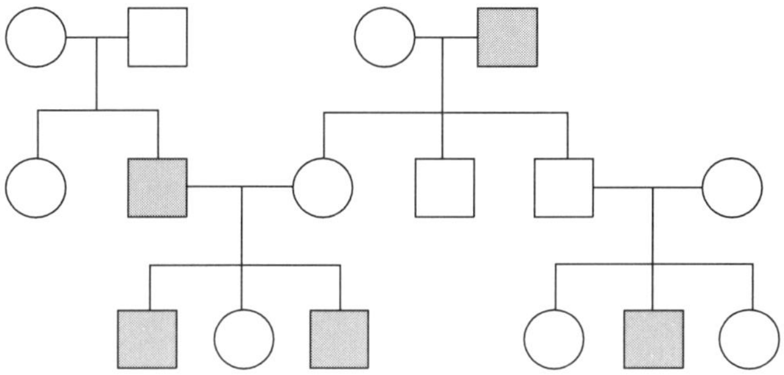

- 색맹, 혈우병 등과 같이 유전자가 남녀 공통인 X염색체 위에 있어 형질 발현이 남성에게 많다. 성염색체인 X 위에 유전자가 존재하므로 X염색체가 하나뿐인 남자에게 많이 나타나게 된다. 여자는 XX'로서 우열 관계에 의해 형질이 나타나거나 보인자이지만, X'Y인 남자는 무조건 나타나게 된다. Y염색체는 X염색체보다 무척 작으며, 유전자 배열도 X염색체에 비해 작다. Y염색체는 X염색체와 상동을 이루지 못하므로 X염색체의 유전자는 Y에 관계없이 발현된다. Y염색체에는 남자의 성을 결정하는 유전자가 주로 들어있다고 알려져 있다.

Chapter 3

유사세런디퍼티형 모듈

01 전류의 자기작용

수업모델 **유사세런디퍼티형 – 시범보이기**

이 수업은 과학자의 연구형태 중 유사세런디퍼티형으로 진행된다. 자석이 갖는 일반적인 특성을 먼저 확인한 다음, 전류가 만드는 자기장을 스스로 확인하게 하여 전기와 자기가 별개의 현상이 아님을 발견하게 되면서 우연한 발견이 과학자의 연구과정에서도 있음을 배우게 된다.

『유사세런디퍼티형의 수업과정』

탐색 → 우연한 관찰 → 관찰된 현상의 이해 → 새로운 탐구 → 적용 → 내적 의식화

수업개요

역사적으로 전기와 자기는 다른 것으로 구분되어 따로 연구되어 왔다. 외르스테드의 우연한 발견으로 전기가 자기와 다른 현상이 아님을 알게 되고, 그들 간의 상관관계는 앙페르에 의해 정리되어 앙페르의 법칙으로 알려지게 된다. 이 수업에서는 자석으로 인한 자기현상과 전류에 의한 자기현상을 실험으로 확인해보고, 이러한 과정이 과학자의 발견과 비슷한 과정이었음을 확인하게 된다. 내적 의식화 과정에서 과학자의 우연한 발견과 과학적 지식의 연결을 학습하게 되면서 수업은 마무리된다.

수업안내

- 수업 대상 : 중학생 이상
- 예상 소요시간 : 3시간
- 수업 준비물 : 나침반, 자석, 직류전원장치, 도선, 철가루 등

학습목표

1. 전류의 자기작용을 실험적으로 확인하고 이해한다.
2. 전류의 자기작용에 대한 우연한 발견을 확인하고 이해하는 과정에서 과학자의 연구형태와 사고과정을 학습한다.

탐 색

자석이 갖는 성질을 정리하게 한다.

1. 나침반이 하는 역할이 무엇인지에 대하여 생각해보자. 나침반이 어떻게 그러한 역할을 하는 것일까?

- 방위 찾기, 나침반도 자석이어서

2. 나침반을 움직일 수 있는 상황에 대하여 논의해보자.

2-1. 어떠한 상황들이 있을 수 있는지 적어보자.

- 그냥 두기(지구 자기장에 의해 움직임)
- 자석 주위에 두기(자석의 극에 따라 움직임)
- 전류가 흐르는 도선 주위에 두기(전류가 만드는 자기장에 의해 움직임)

실험 준비물을 제공한다.

2-2. 논의한 대로 실험을 직접 해서 결과를 적어보자.

- 지구 자기장에 의해 자석은 언제나 남과 북을 가리킨다.
- 자석의 N극에 나침반의 S극이 끌리고, 나침반의 N극은 밀린다.
- 전류가 흐르는 도선 주위에서 나침반이 살짝 움직인다.

우연한 관찰

3. 도선에 전류가 흐를 때, 발생할 수 있는 일에는 어떤 것들이 있을까?

- 빛 발생, 열 발생, 전동기를 움직임, 자기장 발생 등

4. 논의한 것에 대하여 직접 실험을 설계하여 예상한 결과를 확인해보자.

4-1. 전류가 흐르는 회로에 연필심을 연결한다. 어떤 현상을 볼 수 있는가?

- 연필심이 발갛게 빛을 낸다.

4-2. 전류가 흐르는 회로에 니크롬선을 연결하고, 즉시 손에 대어본다(또는 디지털온도계를 대어본다). 어떤 현상을 볼 수 있는가?

- 뜨겁다. 열이 발생한다. 온도가 올라간다.

4-3. 전류가 흐르는 도선 주위에 나침반을 가까이 가져가 본다. 어떤 현상을 볼 수 있는가?

- 나침반이 힘을 받아 움직인다.

실험장치 제작

전류의 세기를 세게 해야 결과를 볼 수 있다.

5. 결과를 정리해보자.

- 전류는 빛과 열을 발생하고, 나침반을 움직이게도 한다.

관찰된 현상의 이해

6. 앞의 활동에서 세 번째 활동의 결과는 무엇을 의미하는 것인지에 대하여 논의하여 적어보자.

- 전류가 흐르는 도선이 나침반을 움직이게 하는 것으로 보아 전류가 자석의 역할을 하는 것을 볼 수 있다. 즉, 전류가 흐르는 도선 주변에 자기장이 발생한다는 것을 알 수 있다.

새로운 탐구

실험장치 제작

아래 그림을 참고하여 가로 20cm, 세로 10cm 두꺼운 종이의 양쪽에 구멍을 뚫고 전선이 지나가게 한다.

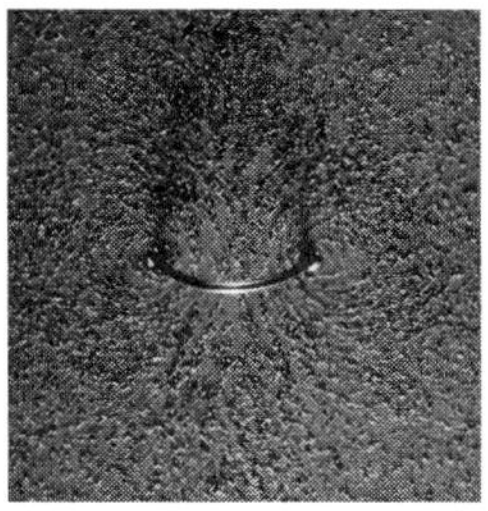

이때, 솔레노이드 형태의 코일을 만들어서 실험을 해도 좋다.

7. 앞에서 논의한 전류의 작용을 보다 확실하게 확인할 수 있는 실험에는 어떤 것들이 있을까?

- 자석이 만드는 자기장에 의해 자석 주위에 철가루가 일정한 모양으로 배열되는 것을 이용하여, 전류가 만드는 자기장의 모양이 동일하게 나타나는지, 철가루를 이용하여 확인해본다.

7-1. 주제를 선택하여 실험과정을 정리해보자.

① 두꺼운 종이에 두꺼운 구리선을 지나가도록 회로를 만든다.
② 두꺼운 종이 위에 철가루를 뿌린다.
③ 직류전원장치를 이용, 높은 전압으로 전류가 흐르게 한다.

7-2. 실험을 수행하여 실험결과를 정리해보자.

- 자석이 만드는 자기장에 의해 자석 주위에 철가루가 일정한 모양으로 배열되는 것처럼 전류가 만드는 자기장의 모양이 비슷하게 배열된다.

적 용

8. 지금까지 알아본 전류의 작용을 적용할 수 있는 사례들에는 어떤 것들이 있을까?

- 발전기의 원리, 전동기의 원리

내적 의식화

9. 다음에 주어진 자료를 보고 우리가 발견한 사실과 비교하여 내용을 정리해보자.

> 읽고 스스로 정리하도록 시간을 충분하게 준다.

외르스테드의 실험 이야기

실험 강의 도중 어떤 현상을 발견했는데, 그 강의에 참석했던 사람들의 전언에 의하면, 외르스테드는 실험도중에 일어난 현상을 보고 마치 전혀 예상하지 못했던 것처럼 당황하는 것 같았다고 한다. 외르스테드는 볼타 전지의 발견에 큰 영향을 받고 볼타 전지에 관한 실험을 하고 있었다. 그는 볼타 전지의 양극과 음극 기둥 양 끝을 잇는 철사에 강한 전류를 흘려보냈을 때, 원래 북쪽에서 남쪽 방향을 향하는 철사 옆에 나란히 놓인 나침반의 바늘이 철사의 방향과 수직으로 동쪽에서 서쪽을 향하도록 90도 회전한 다음 계속 그 방향을 가리키는 것을 보고 놀랐다.

그가 철사에 흐르는 전류의 방향을 바꾸니, 나침반의 바늘은 즉시 180도 회전하는 것이었고, 철사가 놓인 방향에 상관없이 바늘이 철사에 흐르는 전류의 방향에 따라서 철사의 한쪽 옆이나 다른 쪽 옆을 향하였다. 바늘이 회전하였다는 사실은 두 질량이나 두 전하 또는 두 자극 사이에 작용하는 것과 같이 단순한 인력이나 척력이 아니고 전류에서 발생한 회전력의 영향을 받는다는 것을 시사한다. 나침반의 바늘이 전하에 의해 영향을 받지는 않는다는 사실로부터 이 회전은 자기적인 효과임이 명백했으며, 그래서 외르스테드는 전류가 자기를 발생시킨다는 올바른 결론을 내렸다.

이 사건은 과학적, 기술적인 영역을 향한 문을 열어준 대 사건이었다. 왜냐하면, 전기와 자기 분야를 한 분야로 엮는 중요한 계기가 되었기 때문이다. 그 전까지는 전기와 자기 분야가 독립적으로 연구되고 있었다. 외르스테드의 위대한 발견 이후로 전류 사이의 상호작용에 관한 연구는 자신의 이름이 전류의 단위로 채택된 앙페르(Ampère)의 뛰어난 업적을 선두로 매우 왕성하게 진행되었다.

9-1. 우리가 한 활동과 관련이 있는 과학자의 활동은 무엇인가?

- 전류가 흐르는 도선 주변에서 자석의 역할을 하는 자기장이 발생한다는 것을 우연한 발견을 통하여 알아내었다.

9-2. 과학자의 활동을 통하여 알아낸 전류의 작용을 정리해보자.

- 우연한 발견을 통하여(평소의 노력과 과학자적인 태도가 바탕이 되어) 전기와 자기의 연관성을 밝혀내게 되었다.

02 벨크로와 거울뉴런

수업모델 **유사세렌디퍼티형 – 시범보이기**

이 수업은 과학에서의 세렌디퍼티적 발견이라는 것이 무엇인가를 알아보는 과정을 담고 있다. 찾고 있지 않던 것을 우연히 발견하게 되는 순수세렌디퍼티(pureserendipity)의 예와 이와 반대로 목표 성취를 위해 찾던 것을 우연히 발견하는 유사세렌디퍼티(pseudoserendipity)의 예를 통하여 세렌디퍼티적 발견 속에 내재되어 있는 공통된 구성요소를 찾아보고자 한다. 유사세렌디퍼티형의 연구과정에서 내적 의식화 과정이 빠져있다.

『유사세런디퍼티형의 수업과정』

탐색 → 우연한 관찰 → 관찰된 현상의 이해 → 새로운 탐구 → 적용 → 내적 의식화

수업개요

어느 날 산에서 돌아온 자신의 옷에 붙어있는 엉겅퀴 씨앗을 보고 이를 관찰해 발명한 매직테이프, 일명 찍찍이는 의도하지 않은 일상의 경험을 관찰, 분석, 응용하고 모방한 대표적인 순수세렌디퍼티의 예이다. 반면 최근에 활발히 연구되고 뇌과학의 한 분야인 '거울뉴런'은 의도된 결과를 우연히 얻는 유사세렌디퍼티의 예가 될 것이다. 매직테이프의 발명과정과 거울뉴런 발견에 얽힌 이야기를 바탕으로 자신에게 찾아온 우연이 어떻게 위대한 발명과 발견으로 이어지는지를 살펴봄으로써 과학자의 사고와 연구과정을 이해하고자 한다. "발견이란 누구나 보는 것을 본 후 아무도 생각하지 못한 바를 생각하는 것"이란 말처럼, 우연하고 순간적 발견을 과학적 이론으로 다듬고 새로운 가치를 만들어내는 과학자들의 연구과정을 살펴보고자 한다.

수업안내

- 수업 대상 : 중학생 이상
- 예상 소요시간 : 2시간
- 수업 준비물 : 돋보기 또는 실체현미경, 찍찍이(매직테이프, 벨크로)

학습목표

1. 세렌디퍼티의 예를 알아보고 이와 관련된 구성요소를 찾을 수 있다.
2. 우연한 발견과 관련된 과학사를 통해 과학자의 연구형태와 사고과정을 학습한다.

탐 색

1. 일상생활을 하다보면 흩어져 있는 물건을 단단하게 묶거나 벽과 같은 수직면에 붙여서 고정시키는 작업을 하게 된다. 이때 끈이나 테이프, 또는 접착제를 이용하게 되는데 한번 사용하고 나면 재사용이 어려워 버려지기 일쑤다. 이와 같은 불편함을 개선하여 물건을 단단하게 조여 묶을 수도 있고, 반복적으로 사용하여 탈부착이 쉽도록 만든 것이 있다. 일상생활 속에서 이와 같은 목적으로 사용하는 것이 무엇일까? 또 이것을 이용한 예를 찾아보자.

- 찍찍이(매직테이프, 벨크로)
  의류 및 신발용품, 시계, 머리띠, 헤어컬, 밀리지 않는 발판 등과 같은 생활용품, 캐치볼과 같은 완구 및 운동용품, 학습용품, 팬티형 기저귀, 의료용품, 자동차용품, 군사기기, 우주선 내의 물건을 고정시킬 때 등

탐색 단계에서 자유롭게 의견을 제시할 수 있도록 분위기를 만든다.

관찰한 현상이나 궁금한 내용을 적어 보도록 유도한다.

시범보이기는 우연한 발견으로서의 세렌디퍼티가 무엇인가를 이해하는 단계에 해당한다. 따라서 풍부한 예를 통해서 학생 스스로 세렌디퍼티를 정의할 수 있도록 한다.

관찰 및 현상의 이해

2. 돋보기나 실체 현미경을 이용하여 테이프를 관찰하고 특성을 알아보자.

[돋보기나 현미경을 이용하여 관찰한 것 그려보기]

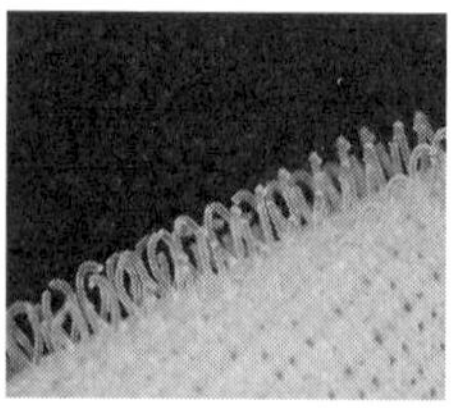
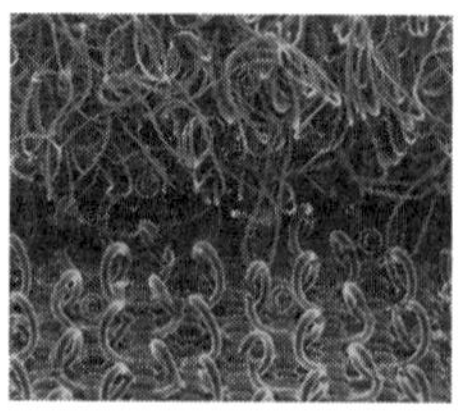

도꼬마리

국화과에 속하는 한해살이풀이다. 열매는 2cm 정도 크기에 타원형으로 갈고리 모양의 가시가 있다. 동아시아, 유럽, 북아메리카 등지에 분포한다.

주변의 물건들 중에서 찍찍이가 이용된 것을 직접 관찰해도 좋다.

<table>
<tr><td rowspan="1"></td><td>관찰내용
① 암수 한 쌍으로 구성되어 있다.
② 한쪽은 실이 뭉쳐있고 다른 한쪽은 갈고리 모양의 돌기가 있다.
③
④
⑤</td></tr>
</table>

관찰내용을 상세히 기술하도록 하고 모둠원들과 관찰한 것에 대하여 서로 의견을 나누도록 북돋는다. 이를 통해 사물을 보고 관찰하는 관점과 표현하는 방법이 서로 다름을 이해하고 다양한 생각을 공유할 수 있는 기회를 만드는 것이다.

새로운 탐구

3. 가장 널리 사용되는 독창적인 발명품 중 하나인 이 테이프는 어떻게 만들어졌을까? 다음 글을 읽고 이 테이프가 현재의 모습을 갖기까지의 과정을 살펴보자.

스위스인 조르주 드메스트랄이 어느 날 강아지를 데리고 산책을 나갔다가 아이디어를 얻어 발명하게 되었다. 사냥 광이었던 그는 사냥거리가 있는 곳이면 험한 계곡도 두려워하지 않는 배짱이 두둑한 사나이였다. 1935년 어느 가을날 사냥개 한 마리를 데리고 사냥에 나섰다. 드메스트랄은 산토끼를 발견한 사냥개를 정신없이 뒤따라가다 그만 도꼬마리가 우거진 숲속으로 뛰어 들고 말았다. 날쌘 사냥개 덕분에 토끼를 잡는 데는 성공했으나 숲에서 나온 그의 모습은 옷 전체에 도꼬마리가 더덕더덕 붙어 고슴도치를 방불케 했다. 옷을 벗어 힘껏 털어 보았으나 도꼬마리는 좀처럼 떨어지지 않았다. '도꼬마리는 왜 떨어지지 않는 것일까?'하면서 의아하게 생각하였다. 항상 발명 기술자가 되는 것이 꿈이었던 드메스트랄은 호기심이 싹트기 시작했다. 틀림없이 이유가 있을 것이다. 서둘러 집으로 돌아와 돋보기로 도꼬마리를 살펴보았다. 도꼬마리는 갈고리로 꽉 차 있으며 그 갈고리가 옷 천의 고리에 끼워져 있다는 것을 알았다. 흩어져서 번식하기 위한 자연법칙으로 도꼬마리는 지나가는 새나 짐승에게 달라붙어 옮겨지는 것이었다. 순간 드메스트랄의 머리 속에는 이 테이프의 원리가 섬광처럼 떠올랐다. 그는 한쪽에 갈고리가 있고, 다른 한쪽에는 걸림고리가 있는 테이프를 만들어 서로 붙여 보았다. 성공이었다. 서로 닿는 순간 철썩 붙었다가 약간의 힘을 가할 때만이 찌직 소리를 내며 떨어졌다. 신기하기도 했지만 여간 편리한 게 아니었다. 그 날 즉시 특허를 출원하고 「벨크로」라는 상호와 상표로 회사를 설립, 테이프를 생산하여 선풍적인 인기로 세계인의 이목을 집중시켰다. 등록 상표인 벨크로(velcro)는 우단(velvet)과 코바늘 뜨개질(crochet)에서 앞글자를 따온 것이라고 한다.

이 갈고리와 고리식 테이프는 처음에는 프랑스에서 만들어졌다. 그 생산은 손으로 직접 만들어 매우 더디었다. 고리 테이프의 기계생산은 비교적 용이했으나 갈고리 테이프의 기계생산은 처음에 많은 어려움에 부딪쳤다. 시스템을 실용화하는 해결법으로는 우선 고리를 기계로 만들고 그것의 끝을 잘라 갈고리로 만드는 방법이었다.

처음 매직테이프가 시장에 나온 이후로 지금까지 많이 개량되었다. 갈고리와 고리에 새 소재를 쓰면서 품질이 향상되었다. 나일론 필라멘트를 굵게 하여 갈고리와 고리를 만들었고 다음에는 나일론에 폴리에스테르를 섞어서 더욱 강하게 했다. 자외선이나 화학약품 또는 습기에도 강한 테이프를 비롯하여 고온에서도 견딜 수 있고 산소 속에서도 타지 않는 소재로 개발하여 사용할 수 있도록 하였다.

우연한 발견의 과정은 발견하는 사람의 의도성에 의하여 구분될 수 있다. 의도하지 않은 발견과 연구하던 중 우연히 전혀 새로운 사실을 발견하거나 목표에 이르는 방법을 우연히 알게 되는 경우가 있다. 과학자의 연구과정에서의 우연한 발견은 흔히 후자에 속하는 경우가 많기 때문이다.

3-1. 드메스트랄의 테이프 발명에 얽혀 이야기를 다음 단계로 나누어 살펴보자.

우연한 관찰
풀 숲에서 나왔을 때 옷에 붙어 있는 도꼬마리 발견

▼

관찰된 현상의 이해
도꼬마리가 옷에서 떨어지지 않는 까닭에 대하여 의문을 갖고 돋보기로 도꼬마리 관찰하여 도꼬마리의 갈고리가 옷의 실고리에 걸려있음을 알게 됨.

▼

새로운 탐구
도꼬마리의 관찰을 통해 알게 된 원리를 이용하여 한쪽에는 갈고리가 있고 다른 한쪽에 걸림 고리가 있는 테이프를 만들어 실험하여 성공함.

▼

적 용
끝을 잘라 갈고리를 만들어 기계생산과정을 용이하게 함. 재료의 개선을 통해 테이프의 품질을 개선하여 현재의 테이프를 개발

3-2. 도꼬마리는 산이나 들을 가다 흔히 보는 엉겅퀴과의 약초이다. 우리나라에서는 축농증이나 비염, 관절염의 치료약으로 쓰였고, 요즘에는 삶은 물을 이용하여 아토피 치료를 하기도 한다. 우리 주변에 서 흔히 볼 수 있으면서 매우 요긴하게 쓰이는 약초인 것이다. 이 도꼬마리를 현미경으로 관찰해보자.

[현미경으로 본 도꼬마리 열매]

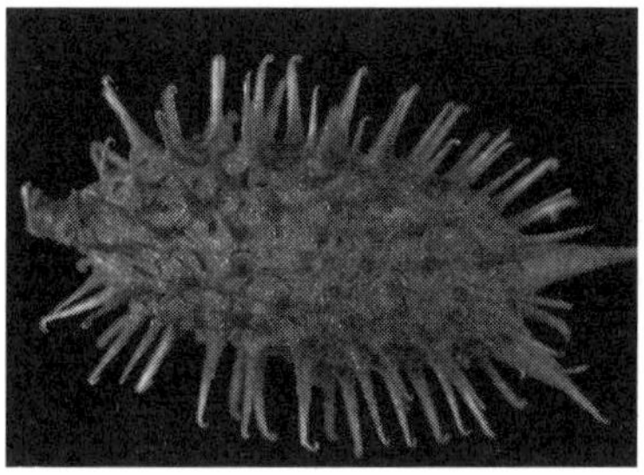

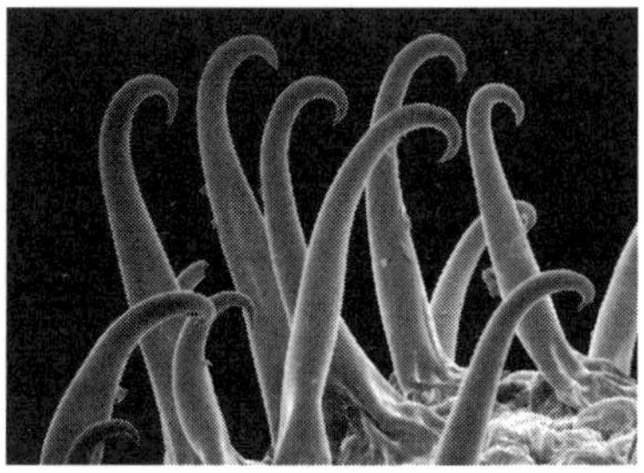

3-3. 가막사리와 도깨비바늘도 도꼬마리와 유사한 식물이다. 이 역시 들이나 산의 풀숲을 걷고 나면 바지가랑이에 달라붙어 있는 것을 볼 수 있다. 이것을 현미경으로 관찰해보자.

도꼬마리, 가막사리, 도깨비바늘은 야외에서 흔히 볼 수 있다.

[현미경으로 본 가막사리 또는 도깨비바늘 열매]

사물을 새롭게 보고 고정관념에서 벗어나는 아이디어를 제시해보도록 유도한다.

브레인스토밍이나 SCAMPER를 통하여 새로운 아이디어를 제시해보도록 격려한다.

3-4. 가막사리와 도깨비바늘은 도꼬마리와 비슷한 특성을 지니고 있지만 구조가 다르다. 가막사리와 도깨비바늘의 생김새를 이용할 만한 것으로는 어떤 것이 있을까 아이디어를 제안해보자.

따라하기

4. 다음 글을 읽고 과학적 발견의 과정에 대하여 논의해보자.

친구들 사이는 서로 닮는다고 한다. 음악을 좋아하면 같은 음악을 따라 듣고 책을 좋아하면 책을 따라 읽으면서 말이다. 그래서 친구를 보면 그 사람을 알 수 있다고 하는데 ……. 왜 우리는 따라쟁이가 되는 것일까?

이탈리아 파르마대학의 뇌과학실, 머리에 전극을 꽂은 마카크 원숭이 한 마리가 조용히 앉아서 다음 과제를 기다리고 있었다. 신경생리학자 지아코모 리조라티 박사는 별 생각 없이 무엇인가 잡으려고 손을 움직였다. 그 때였다. 원숭이 뇌 안에 심어 놓은 전극과 연결된 컴퓨터에서 신호음이 들렸다. 이상했다. 원숭이는 아무 행동도 하지 않았고 다만 무언가를 집는 자신을 보고 있었을 뿐이었다. 리조라티 박사는 컴퓨터 신호음을 분석했다. 원숭이의 뇌에서는 물건을 집은 운동세포가 작동하고 물건을 쥐는 행위에 관여하는 뉴런이 발화한 것이다. 유레카! 이것은 유전자(DNA)의 발견에 비견될 만한 뇌과학의 코페르니쿠스적 전환이었다. 바로 '거울뉴런' 발견의 순간이었다. 그렇다면 사람은 어떠할까? 마카크 원숭이와 마찬가지로 인간에게도 거울뉴런이 있었다. 그렇기 때문에 컵을 잡거나 미소를 짓는 등 다른 사람의 행위를 보는 것만으로도 자신이 그런 행위를 하는 것처럼 뇌는 활성화됐다. 누군가 축구공을 찰 때, 공을 차고 있는 소리만 들을 때, 심지어 '차다'라는 단어를 말하거나 듣기만 해도 거울뉴런은 발화됐다. 리조라티 박사는 결론을 내렸다. 거울뉴런은 모방 뉴런이다!라고. 우리가 웃고, 춤추고, 운동하는 방법을 배울 수 있고, 다른 사람이 하품하는 모습을 보면 전염이 되어 입을 벌리게 되고, 영화를 보다가 주인공이 눈물을 흘리면 감정이입(empathy)이 되어 따라서 울게 되는지, 자폐증 환자가 자기만의 세계에 틀어박히게 되고, 왜 남을 배려하는 마음이 모자라게 되는지 등의 사람에 대한 이해를 거울뉴런을 통해서 할 수 있게 되었다. 따라쟁이가 되는 것은 뇌의 본능이었던 것이다.

Fig. 1. Examples of transitive and intransitive actions performed by the experimenter in front of the recorded monkey (right column); same gestures made by the monkey (left column). Intransitive monkey actions, although rarely evoked during recording sessions, are shown here to outline their similarity with the same actions performed by the experimenter. From top to bottom: grasping of a piece of food; sucking juice from a syringe; lips protruded face.

〈출처 : http://www.macalester.edu〉

원숭이가 바나나를 잡을 때 뇌의 활성화된 부분과 보기만 해도 같은 부분이 활성화된다.

〈출처 : http://student.biology.arizona.edu〉

4-1. 따라쟁이 뉴런에 해당하는 거울뉴런(mirror neuron)의 발견 과정을 다음 단계로 나누어보자.

우연한 관찰
마카크 원숭이의 뇌신경을 연구하던 중 컴퓨터 신호음을 들음.

▼

관찰된 현상의 이해
원숭이는 아무 행동도 하지 않았지만 앞에 앉아 무언가를 집는 자신을 보고 원숭이 뇌 속의 뉴런이 활성화됨.

▼

새로운 탐구
사람에 대하여 조사 연구

▼

적 용
인간의 뇌에 관한 연구 및 사회화 과정에 관한 연구를 하게 됨.

4-2. 리조라티 박사의 거울뉴런이론은 인간의 사회생활과 뇌의 구조와의 관계를 연구하는 사람들에게는 뇌와 마음을 읽는 새로운 해석의 도구가 되고 있다. 거울뉴런으로 설명 가능

한 인간의 행동은 어떤 것이 있을지 생각해보자.

- 신생아의 모방, 영화 속 주인공과 함께 공포감, 동정심 등의 감정이입, 상품의 이미지 광고 따라하기 등

5. 그리스의 철학자 데모크리토스는 "우주 속에 존재하는 모든 사물은 우연과 필연의 열매"라 하였다. 자연에 존재하는 논리적 연관성을 찾는 과학적 활동이 필연이라면 드메스트랄과 같이 의도하지 않은 사건을 통해 새로운 발견과 발명을 하게 되는 것을 우연이라 할 수 있다. 과학적 발견 중에는 우연한 발견을 기반으로 하는 것이 많이 있다. 여러 가지 과학적 발견의 예를 찾아보고 그 과정에 따라 구분해보자.

5-1. 드메스트랄의 발명과정을 과학자의 연구(탐구)과정과 비교했을 때 공통점과 차이점을 구분해보자.

과학자의 연구과정과 세렌디피티의 연구과정은 탐구과정 그 자체는 동일하다. 다만 문제를 발견하고 인식하는 데 있어 우연적인 것이냐 의도성을 가진 것이냐에 따라 구분될 수 있다.

- **공통점** : 탐구과정(문제인식 – 가설설정 – 탐구설계 – 탐구수행 – 자료해석 – 결론도출 및 일반화)과 유사함.
- **차이점** : 문제인식 단계에서 의도하지 않은 우연한 발견으로 시작됨

5-2. 우연에 의해 이루어진 드메스트랄의 매직테이프 발명과 리조라티 박사의 거울뉴런 발견과정을 비교했을 때 차이점은 무엇인가?

유사세렌디피티의 예를 다양하게 제시하고 순수세렌디피티와의 차이점을 인식할 수 있도록 한다.

- **순수세렌디피티** : 의도하지 않은 우연한 발견과 그 결과
- **유사세렌디피티** : 의도한 결과를 우연히 얻는 경우와 목표를 성취하기 위해 탐험하던 중 새로운 발견을 하게 되는 경우

적 용

학생 스스로 과학사에서 우연

6. 과학의 역사에서 인류의 위대한 발견의 사례들이 많이 있다.

이들 몇 가지를 조사하고 순수세렌디피티와 유사세렌디피티로 구분해보자.

- **순수세렌디피티의 예**

① 플랭케의 테프론 – 독성 없는 냉매를 만드는 연구과정에서 테프론 발견
② 뢴트겐의 X선 – 음극선 실험 도중 발견
③ LCD (액정) – 오스트리아의 라인니처라는 생물학자. 1988년 콜레스테롤과 관련된 유기물질이 녹는 과정을 관찰하던 중 두 단계로 변화하는 것을 발견

- **유사세렌디피티의 예**

① 아르키메데스의 발견 – 왕관의 부피를 잴 수 있을까 고민하던 중 발견
② 굿이어의 가황고무 – 온도 변화에 견디는 고무를 만드는 방법 발견
③ 전자레인지의 발견 – 레이더 시험에 몰두하고 있던 스펜서 박사가 근처에 열이 없었음에도 불구하고 자신 주머니에 있던 초콜릿이 다 녹은 걸 보고 그 이유를 찾다가 발명

7. 앞에서 조사한 예를 통해 우연한 발견을 경험한 인물들의 공통된 특성은 어떤 것이 있는지 찾아보고 모둠원들과 논의해보자.

- 사물이나 현상의 특징이나 관계 등을 명백하게 파악하는 통찰력, 충분한 지식과 준비된 마음, 흥미나 불확실성을 포함하는 신기한 자극에 대한 왕성한 호기심, 실험하고 탐구하려는 의지, 관찰되는 현상을 단지 보는 것이 아니라 다른 사람들이 지각하지 못한 것을 포착하는 지각력 등

8. 일상생활 속에서 우연한 발견에 견줄 수 있는 경험에는 어떤 것이 있는지 서로 이야기해보자.

한 발견의 사례를 수집하여 발표하도록 지도한다.

조사와 발표과정에서 기존 우연한 발견에 대한 원리를 이해하고 일상생활과의 연관성을 살펴보며 평가해보는 기회를 가져본다.

세렌디피티를 위해서는 매우 일반적인 교수 학습과정의 상황에서 비교적 포괄적인 목표를 제시하고, 자유롭게 의견을 나누며, 논의하는 기회를 제공하는 것이 필요하다. 의도한 학습목표를 달성하기 위해 노력을 하고, 그 과정에서 문제를 다양한 방법으로 보게 하고, 전제를 변경해보고, 중간 과정을 변화시켜 봄으로써 새롭게 문제를 제기하는 경험을 제공하는 것이 중요하다. 또한, 세심한 관찰을 통한 예기치 않은 질문이나 새로운 문제의 제기를 수용하며 의견을 공유하도록 한다.
제기된 문제나 상황에 대하여 해결방안을 교사가 제시해야하는 것은 아니며 스스로 해결해 갈 수 있도록 격려함으로써 세렌디피티적 성과에 대한 가능성을 극대화할 수 있다.

9. “위대한 발견의 씨앗은 끊임없이 우리 주위를 떠돌고 있지만 오직 그것들을 받아들일 잘 준비된 마음에만 뿌리를 내린다.”는 조세프 핸리의 말과 같이 일상생활에서 우연히 마주하게 될 행운을 이용할 수 있는 마음가짐을 기르기 위한 방법을 모둠원들과 논의해보자.

① 세밀하게 관찰하고 기록하는 훈련을 한다.
② 관련된 분야의 공부를 충분히 한다.
③ 문제를 다양한 방법이나 관점으로 보도록 노력한다.
④ 호기심을 가지고 지속적 새로운 문제를 제기한다.
⑤ 다양한 의견을 공유한다.

03 푸른 곰팡이에서 피어난 기적의 열매

수업모델 **유사세런디피티형 – 시범보이기**

이 수업은 과학자의 연구형태 중 유사세런디피티형으로 진행된다. 푸른 곰팡이가 세균의 생육을 억제하는 우연한 관찰을 통해 병 치료에 일대 혁명을 일으킨 최초의 항생제인 페니실린을 발명해나가는 과정을 제시하여 새로운 발견을 해 나가는 과학자의 연구과정을 경험하게 된다. 유사세런티피티형의 연구과정에서 본 모듈은 내적 의식화 과정이 빠져있다.

『유사세런디퍼티형의 수업과정』

탐색 → 우연한 관찰 → 관찰된 현상의 이해 → 새로운 탐구 → 적용 → 내적 의식화

수업개요

실험실에서 세균들을 배양하고 연구하던 플레밍은 아주 이상한 현상을 발견하였다. 포도상 구균들을 배양해 놓은 샬레를 현미경으로 유심히 관찰하다가 우연히 푸른 곰팡이가 생기면 그 주위의 포도상 구균이 녹는 현상을 발견한 것이다. 자칫 잘못된 배양으로 판단하고 샬레를 버렸을지도 몰랐다고 한다. 이 부분에 대한 연구를 집중한 결과, 푸른 곰팡이에서 포도상 구균이나 폐렴균 등을 죽이는 페니실린을 추출하는 데 성공하였다. 페니실린은 그 후에 대량 생산할 수 있는 방법이 연구되어 많은 사람들이 값싸게 구할 수 있게 되었다. 페니실린의 발명으로 한 번 걸리면 불치병으로 알려져 있던 폐렴, 디프테리아, 파상풍 등을 치료할 수 있게 되었다. 페니실린의 발명과정에 얽힌 이야기를 바탕으로 우연한 순간적 발견을 그냥 지나쳐버리지 않고 위대한 발명으로 이끈 과학자의 사고과정을 살펴보고자 한다. 또한, 우리나라의 항생제 개발 현황을 살펴보고 과학자의 연구와 그 성과들이 인간 생활에 기여하는 바를 생각해보도록 한다.

수업안내

- 수업 대상 : 고등학생 이상
- 예상 소요시간 : 2시간

학습목표

1. 항생제의 작용 원리를 설명할 수 있다.
2. 우연한 발견과 관련된 페니실린의 발명과정을 통해 과학자의 연구형태와 사고과정을 익힌다.

탐 색

1. 웬만큼 가렵거나 벌레 물린 자리에는 침을 쓱 발라 두면 조금 가라앉게 되는데 침은 무슨 역할을 할 것이라 생각되는가?

- 천연 물파스 역할을 한다.
- 천연 연고 역할을 한다.

2. 침과 같은 역할을 하는 다른 예에 대한 다음 글을 읽고 생각해 보자.

> 1921년 플레밍은 지독한 감기에 걸리자 자신의 콧물을 조금 채취해서 배양하면서 관찰하고 있었고 배양접시는 황색 세균으로 가득 차 있었다. 어느 날 배양접시에 노란색 균체가 오염되어 자라고 있었는데, 한쪽에 균들이 자라지 않고 반투명체로 빛나는 형태를 보이고 있었다. 즉, 플레밍의 콧물 방울 주변에서는 세균이 자라지 않고 있었던 것이다.

2-1. 이 사건을 통해 플레밍이 발견하게 된 사실은 무엇인가?

- 사람의 콧물에는 세균의 생육을 억제하는 물질이 들어있다.

2-2. 플레밍은 인체의 다른 점액을 시험해보기 위해 눈물, 침, 고름 등으로도 시험을 했는데 콧물과 같은 결과를 얻었다. 이러한 인체의 점액에 들어있는 물질은 무엇이며, 어떤 역할을 하는가?

- 사람의 눈물, 콧물, 침에는 세균의 생육(生育)을 억제하는 항생물질인 라이소자임이 들어있다.

우연한 관찰

3. 아래 사진은 세균을 배양하는 중인 고체 배지가 어떤 곰팡이로 인해 오염된 모습이다.

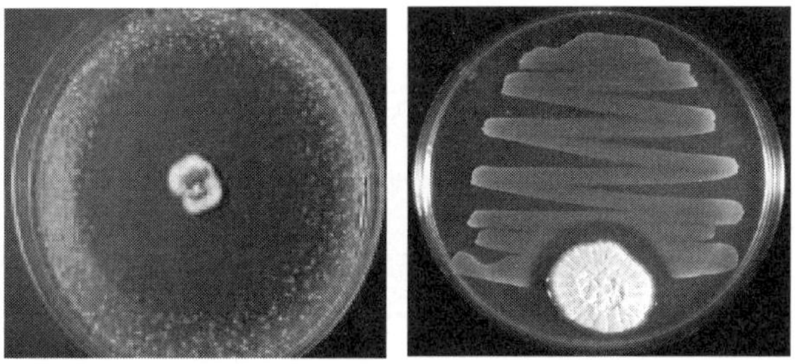

〈출처 : 좌 : kr.blog.yahoo.com, 우 : ask.nate.com〉

3-1. 이 두 사진에서 공통적으로 관찰할 수 있는 사실은 무엇인가?

- 곰팡이가 자라는 주변에는 세균이 자라지 않는다.

3-2. 곰팡이와 세균 사이에 어떤 일이 일어났을 거라 예상할 수 있는가?

- 곰팡이가 어떤 물질을 분비하여 주변의 세균을 죽였을 것이다.

4. 다음의 일화는 포도상 구균에 대해 연구하던 플레밍의 이상한 경험을 보여준다.

> 1928년 9월의 어느 월요일, 휴가를 다녀온 뒤 나는 실험실 테이블에 쌓여 있던 배양접시를 들여다보고 있었어요. 한천 배양접시에는 항상 오염된 곰팡이들이 실험결과를 망쳐놓기도 하거든요. 배양접시를 보고 있다가 어느 배양접시에 눈길이 갔어요. 다른 접시에도 곰팡이가 오염되어 자라고 있었는데, 유독 그 배양접시 주변에 있던 포도상 구균들이 녹아서 마치 이슬방울처럼 보였거든요.
>
> 나는 옆에 있던 조수에게 "이것 참 재밌는 일이군"이라고 말하며 보여주었어요. 그러자 그 조수는 "꼭 라이소자임을 발견하던 상황과 같군요"

'푸른 곰팡이'는 빵이나 떡 같은 음식에 많이 생긴다.

푸른 곰팡이(Penicillium)
빗자루 모양의 분생자(分生子) 자루를 가진 곰팡이의 총칭.
보통 자낭균류에 포함시키지만, 자낭이 없는 것도 적지 않으므로 정확하게는 불완전균류에 포함시키며, 자낭이 있는 것만 탈라로미케스(Talaromyces) 또는 카르펜텔레스(Carpenteles)라고 한다. 일반 가정에서도 흔히 볼 수 있으며, 약 150종이 있다. 빛깔은 일정하지 않아 청록색·녹색·황록색등이 많고, 드물게 갈색·홍갈색의 것도 있다. 분생자 자루의 선단에 피아라이드라고 하는 구조가 생겨 그 선단에서 밀려나온 포자가 염주 모양으로 많이 배열되어 생긴다.
노타툼(P. notatum)이나 크리소게눔(P. chrysogenum) 등의 종은 페니실린이라는 항생물질을 특히 잘 생성하므로 이것으로 의약품을 만들고 있다. 또 톡시카리움(P. toxxicarium)이나 이슬란디쿰(P. islandicum)은 인축에 유독한 물질을 생성하는 것으로 알려져 있어 동물 사료에서 문제가 된다.

포도상 구균들을 배양해 놓은 샬레를 현미경으로 유심히 관찰하다가 우연히 푸른 곰팡이가생기면 그 주위의 포도상 구균이 녹는 현상을 발견한 것이다. 자칫 잘못된 배양으로 판단하고 샬레를 버렸을지도 몰랐다고 한다.

플레밍은 불순물이 없는 물질, 즉 푸른 곰팡이에서 페니실린을 얻어 보려고 노력을 했으나 단순한 미생물학자였기 때문에 한계를 느낄 수밖에 없었다. 그는 1929년에 그때까지 관찰한 내용을 논문으로 발표하였고, 이후 1940년에 병리학자 플로리와 생화학자 체인이 최후의 마름질을 하여 실제로 정제되고 대량으로 실용화된 페니실린이라는 물질을 만들어내기에 이르렀다. 그리하여 1945년에 세 명이 공동으로 노벨상을 받기에 이른다.

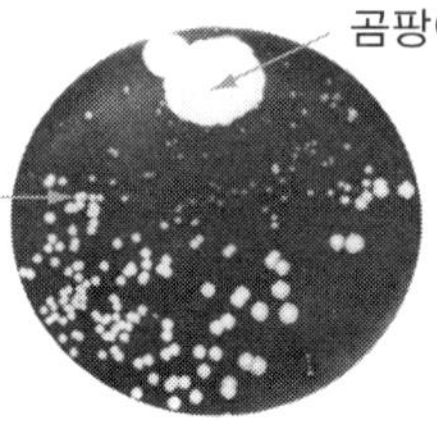

라고 말했어요. 나도 그때처럼 가슴이 두근거렸어요. 나는 곰팡이 조각을 떼어서 다른 배양액이 들어있는 시험관에 옮겨 넣었어요. 이 이상한 곰팡이를 보존하고 싶었나 봐요.

나중에 다른 과학자가 그 배양접시의 상태를 더 정확히 과학적으로 설명한 것을 읽어보면 '9cm 크기의 배양접시의 한 쪽에 잘 자란 곰팡이가 자리하고 있고 그 주위로는 포도상 구균이 전혀 없는 구역이 보였으며, 점차 파괴된 포도상 구균들이 흩어져 있고, 멀어질수록 균체들이 선명하게 자라고 있었다'고 쓰였더군요.

〈글 출처 : 김영호의 플레밍이 들려주는 페니실린 이야기〉

4-1. 곰팡이가 자라난 곳에는 왜 포도상 구균이 없었을까?

- 이 곰팡이가 분비한 어떤 물질이 포도상 구균을 죽였기 때문에

관찰 및 현상의 이해

5. 플레밍이 관찰한 배양접시에서 곰팡이와 포도상 구균 사이에서 일어난 일을 위에서 제시한 '라이소자임'과도 연관시켜 설명해 보자.

- 모든 생물은 외부 침입자에 대항하기 위한 면역체계를 가지고 있다. 사람의 점액(눈물, 콧물, 침)에는 '라이소자임'이라는 효소가 들어있어 세균의 생육을 억제한다. 마찬가지로 곰팡이 등의 미생물들 중에는 다른 미생물들의 침입을 방지하기 위해 이들을 죽이는 물질을 분비한다. 세균끼리는 물론이고 세균과 곰팡이, 곰팡이와 곰팡이 사이에서도 서로 다툼(살생)이 있는지라, 문제의 배양접시로 날려 온 푸른 곰팡이가 분비한 항생제 물질, 즉 페니실린이 포도상 구균을 죽였던 것이다.

6. 현재 우리는 푸른 곰팡이가 만드는 물질을 정제하여 유용하게 쓰고 있는데, 그것은 무엇이며 어떤 작용을 하는가?

- 항생제로서의 페니실린이다. 많은 종류의 세균의 성장을 멈추게 하고 번식하는 것을 방지한다.

최초의 항생제인 페니실린은 발견 그 순간부터 '기적의 물질'로 불렸다. 항생제의 가장 큰 특징은 인간에게는 해가 적으면서도 세균에게는 치명적인 독성을 지닌다는 것이었다. 기존의 소독약들이 인간의 백혈구든 세균이든 가리지 않고 모두 죽이는 무차별적인 특성을 지녔다면, 항생제는 인간의 백혈구는 피하고 세균만 골라 죽이는 '마법의 탄환'같은 역할을 한다는 것이었다.

새로운 탐구

7. 페니실린은 모든 세균에 동일하게 작용하지는 않는다. 즉, 페니실린은 그람양성세균에 매우 효과적이지만(생육억제 효과가 높다), 그람음성세균에게는 효과적이지 못하다.
이것은 그람양성균과 그람음성균의 어떤 차이에 기인한 것이며, 페니실린에 세균의 생육을 어떻게 억제하는지 알아보자.

7-1. 그람양성균과 그람음성균 간에는 어떤 형태적인 차이가 있는가?

- 원핵세포 구조를 가지고 있는 생물은 세균류와 남조류이다. 세균류는 그람양성균과 그람음성균으로 분류되는데 덴마크의 의사인 그람(Christian Gram)이 동물 조직 중의 세균을 검출하기 위해서 사용한 방법으로, 세포를 Triphenylmethane 색소인 Gentian violet와 아이오딘 용액으로 염색하고 acetone이나 alcohol로 세척하여도 세포에 색소가 남아 있으면 그람양성균(Gram positive)이라 하고, 염색되지 않고 탈색되는 것을 그람음성균(Gram negative)이라고 한다.
  그람 염색 결과 자주색으로 염색되는 세균은 그람양성이며 분홍색으로 염색되는 세균은 그람음성이다. 양성과 음성은 전기적 성질과는 무관하며 단순히 형태학적 차이를 나타내는 용어이다. 그람양성균과 음성균이 서로 다르게 염색되는 것은 근본적으로 세포벽 구조가 다르기 때문이다. 세균의 세포벽은 크기와 형태를 유지하게 하며 또한 삼투압에 의한 세포 파열을 방지하는 역할을 한다. 세포벽에는 펩티도글리칸(peptidoglycan)이라고 하는

항생제는 넓게 말해 미생물을 죽이는 물질들을 의미하지만, 요즘에는 좁은 의미로 세균, 즉 박테리아를 죽이는 물질을 의미하고, 바이러스를 죽이는 물질은 항바이러스제, 곰팡이를 죽이는 물질은 항진균제라고 구분하기도 한다.

물질이 있기 때문에 아주 단단하다.
그람양성균의 세포벽은 여러 층의 펩티도글리칸층이 두껍게 감싸고 있는데 세포벽의 약 80～90%가 펩티도글리칸이다.
반면, 그람음성균의 세포벽은 펩티도글리칸층이 한 겹으로 매우 얇으며, 이층 외부에는 인지질, 리포폴리사카라이드, 리포프로테인 등으로 구성된 외막(outer membrane)이 감싸고 있는 형태로 세포벽이 이루어져 있다. 세포벽의 10～20%만이 펩티도글리칸이다.
이러한 세포벽 구조의 차이로 인한 그람염색의 차이는 세균을 분류하는 가장 기본적인 기준이 되었다.

※ 그람염색이란

1884년 덴마크의 의사 H.C.J.그람(1853～1938)은 세균을 쉽게 관찰하기 위하여 염색하는 방법을 고안하였다. 즉, 표본을 겐티아나액을 아닐린에 녹인 용액으로 물들여서 아이오딘/아이오딘화칼륨 용액으로 처리한 후, 순수한 에탄올로 씻으면, 조직은 탈색되지만 균은 탈색되지 않고 자주색으로 보인다. 그러나 그 후 여러 가지 균종이 발견되면서 그 중에는 조직과 마찬가지로 에탄올 세정에 의하여 탈색되는 균도 있다는 것이 밝혀졌다. 이때 탈색되는 균을 그람음성균, 탈색되지 않는 균을 그람양성균이라 부르기로 하였다. 그 후 그람양성균과 그람음성균은 화학요법제에 대한 감수성뿐만 아니라, 균의 증식에 필요한 영양소의 종류, 물리적, 화학적 자극에 대한 반응, 생산하는 독소, 병변 등 각 방면에서 차이가 있다는 것이 밝혀지면서 이 염색법은 당초의 목적과는 달리 세균의 분류에 이용되게 되었다. 이후 여러 가지 방법이 제안되었으며 Hucker의 방법과 Burke의 방법이 일반적으로 사용된다.

7-2. 그람양성균과 그람음성균의 형태적 차이를 근거로 하여 페니실린이 세균의 생육을 억제하는 방법에 대해 생각해보자.

- 그람양성균은 세포벽의 외부에 펩티도글루칸층(peptidoglucan layer)을 가지고 있다. 페니실린이 이 펩티도글루칸층을 특이적으로 파괴하기 때문에 그람양성균은 세포벽이 제 기능을 수행하지 못해서 죽게 된다. 즉, 페니실린이 세균의 세포벽에 있는 펩티도글루칸의 합성을 위한 펩타이드 교차결합을 저해하여 세포벽을 약하게 하므로 세포 자체는 삼투현상에 의해 쉽게 용해

된다. 반면에 그람음성균의 경우에는 펩티도글루칸층이 세포벽 외부로 노출되어 있지 않으므로 페니실린이 효과적으로 작용하지 못한다.

8. 항생제의 가장 큰 특징은 인간에게는 해가 적으면서도 세균에게는 치명적인 독성을 지닌다는 것인데, 도대체 항생제는 어떻게 세균만 골라서 죽일 수 있는 것일까?

- 페니실린의 경우 세균에게만 있는 세포벽을 공략한다. 사람을 포함한 동물 세포에는 세포벽이 없으므로 영향을 받지 않는다. 그리고 진균계통이나 식물 세포의 경우도 세포벽이 있지만, 성분이 주로 셀룰로오스(cellulose)이므로 영향을 받지 않는다. 그래서 푸른 곰팡이가 페니실린을 분비해도 자기들은 죽지 않고 세균만 죽이는 것이다.

적 용

9. 이외에 다른 항생제들의 예를 들어보고, 어떤 작용을 하는지 조사해보자.

시각자료를 활용하여 학생들의 이해를 돕는다.

- 세팔로스포린(cephalosporin)계에 속하는 항생제 – 페니실린처럼 세균의 세포벽 합성을 저해한다.
- 아미노글리코사이드(aminoglycoside)계, 테트라사이클린(tetracycline)계 클로람페니콜 등의 항생제 – 서로 작용하는 범위는 다르지만, 세균이 생존을 위해 만들어내는 필수적인 단백질 합성 과정을 방해해 세균을 죽이는 작용을 한다.
- 퀴놀론(quinolones)계 항생제 – 세균이 DNA를 합성하는 과정을 방해하여 세균을 죽인다.
- 설폰아마이드(sulfonamides)계 항생제 – 세균이 가진 특정 효소들을 억제하며한다.
- 폴리마이신(polymixins) – 세균의 세포막을 파괴시켜 세균을 죽인다.

04 나의 네트워크 만들기

수업모델 **유사세런디퍼티형 – 교수적도움**

이 수업은 과학자의 연구형태 중 유사세런디퍼티형으로 진행된다. 자신의 네트워크를 직접 만들고, 그 구조를 분석하는 과정에서 이러한 네트워크가 인터넷 연결망, WWW의 특성과 매우 유사함을 발견하도록 구성하여 일상에서의 우연한 발견이 과학자의 연구과정에서도 있음을 배우게 된다. 유사세런디퍼티형의 연구과정에서 본 모듈은 내적 의식화 과정이 빠져있다.

『유사세런디퍼티형의 수업과정』

탐색 → 우연한 관찰 → 관찰된 현상의 이해 → 새로운 탐구 → 적용 → 내적 의식화

수업개요

일반적으로 주변에서 볼 수 있는 분포들은 주로 정상분포의 형태를 띠고 있다. 정상분포에 대한 논의를 먼저 진행한 다음, 최근의 새로운 분포를 직접 활동을 통하여 학습을 한다. 최근에 Jeong과 Barabasi(2000, 2001) 등은 물리적인 인터넷 연결망 구조와 WWW(World-Wide-Web)의 연결구조에 대한 연구를 수행하였다. 그들은 라우터나 PC 등을 점으로 나타내고 점이 물리적으로 연결되어 있으면 서로 선으로 연결하는 방식으로 점과 선으로 이루어진 네트워크를 만들었다. WWW에 대해서는 웹 페이지들을 점으로 표현하고 웹 페이지들이 서로 하이퍼링크가 되어있으면 선으로 연결하는 방식으로 네트워크를 형성하였다. 이 수업에서는 자신의 주변에서 자신의 네트워크를 알아보는 과정에서, 자신이 구성한 네트워크의 구조적 특성으로부터 인터넷 연결망과 WWW의 특성을 발견하도록 구성되어 있다. 학생들이 구성한 네트워크의 구조적 특성을 예상한 다음, 한 점에 연결되어 있는 연결선 수의 분포를 조사하게 한다. 조사내용을 근거로 '인터넷 망에서의 컴퓨터 바이러스나 웜(worms)의 전파는 일반적인 전염병의 전파와는 달리 순식간에 전 세계 많은 컴퓨터들을 감염시킨다.'를 설명해보도록 한다.

수업안내

- 수업 대상 : 고등학생 이상
- 예상 소요시간 : 3시간
- 수업 준비물 : 다트판, 다트, 지역 안내 지도, 다양한 형광펜, 컴퓨터(인터넷 가능 환경)

학습목표

1. 분포에 대한 학습을 통하여 내 주변 사람들로부터 나의 네트워크를 만들어 본다.
2. 내가 만든 네트워크의 구조적 특성을 확인하는 과정에서 과학자의 연구형태와 사고과정을 학습한다.

탐 색

1. 여기 있는 다트 게임판으로 놀이를 해보자. 어떤 놀이를 할 수 있을까?

• 다트판에 다트 꽂기, 종이를 길게 말아서 입으로 불기 등

게임을 통하여 다트의 분포를 인식하게 한다.

2. 논의한 대로 게임을 한 다음 게임 결과를 다트판을 그려서 표시해보자.

원하는 결과를 얻어내기 위해서 다트판을 만들 때, 중심의 원을 좀 크게 만든다.

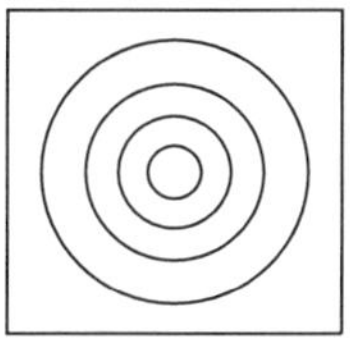

2-1. 다트의 분포가 어떠한가?

• 다트판의 중심부분에 주로 몰려있다.

2-2. 다트의 분포를 어떻게 설명할 수 있을까? 다트의 분포를 표나 그래프를 이용하여 나타낼 수 있을까? 논의하여 적어보자.

• 다트판을 중심을 지나는 선을 그린 다음, 왼쪽부터 각 지점에 번호를 매기고, 각 번호의 위치에 꽂혀있는 다트의 수를 세어 표나 그래프로 나타낼 수 있다.

2-3. 다트의 분포가 어떤 형태를 나타내는가? 직접 그래프로 그려보자.

다트판 위에 직접 1차원으로 투영하여 그래프로 나타내도록 한다.

정상분포곡선에 대한 이해가 부족한 경우에는 다음에 제공된 평균신장에 대한 자료로 평균신장이 갖는 의미를 그래프로 그려보게 하는 활동을 추가한다.

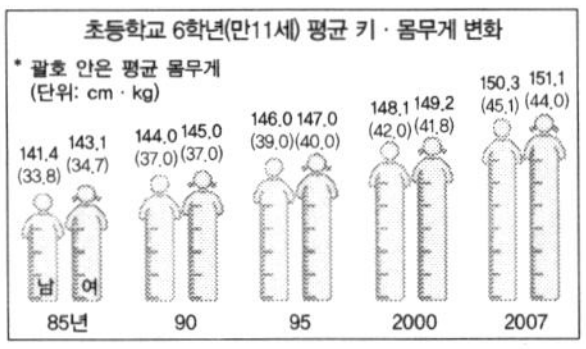

〈출처 : 교육과학기술부〉

- 정상분포곡선의 형태를 나타낸다.

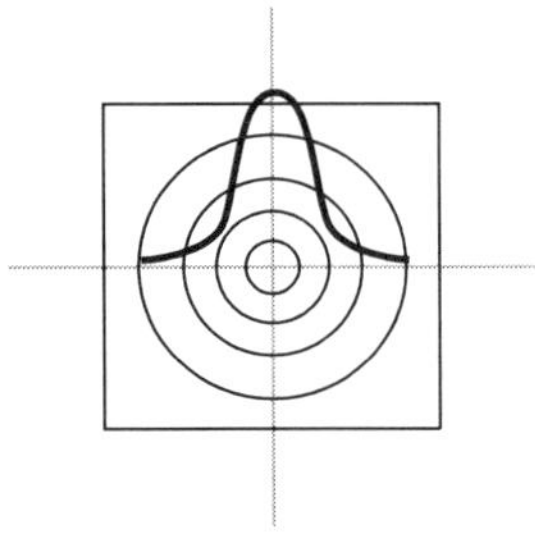

3. 다트 게임을 통하여 알아본 분포 형태와 같은 분포를 주변에서 본 적이 있는가? 다른 예를 적어보자.

- 지능지수, 평균점수, 평균신장, 평균체중 등

> 정상분포곡선의 의미를 정리한다.

> 도로망 예를 들어 네트워크와 네트워크 분석에 대한 논의를 이끌어내는 단계로, 고속도로 지도, 지역 안내 지도(시, 군 지역 등) 등, 다양한 지도자료를 준비하여 제공한다.

> 색깔이 다양한 사인펜이나 형광펜을 준비하여 제공한다.

4. 분포에 대한 논의를 조금 더 해보자. 여기 지도가 있다. 지도에서 어떤 분포를 찾을 수 있을까?

- 교차로의 분포를 알아본다.

4-1. 논의한 대로 분포를 알아보는 과정을 정리해보자.

① 지도상의 일정 지역 또는 전체를 선택한다.
② 색깔이 다른 형광펜을 준비한다.
③ 같은 교차로는 같은 색으로 표시한다.
④ 교차로의 분포를 표와 그래프로 나타낸다.

4-2. 활동한 결과를 기록해보자.

4-3. 활동을 통하여 얻은 분포를 조별로 발표해보자.

- 4차로가 가장 많고, 그 밖에 3차로, 5차로 등이 많다.
  즉, 4차로를 중심으로 정상분포곡선과 유사한 형태를 띤다.

5. 4번에서의 활동을 통해 찾아낸 분포를 설명할 수 있는 방법에

대하여 논의해보자. 분포의 특징을 간단하게 표현할 수 있는 과학적인 방법에 대하여 논의하고, 그래프로 그려보자.

- 교차로의 모양이 네트워크의 형태를 띤다. 교차로를 노드로 정하면 한 노드에 여러 개의 도로가 선으로 연결되어 있으므로, 3차로는 하나의 노드에 연결선이 3개 연결되어 있다. 노드 하나당 4개의 연결선수를 갖는 노드가 가장 많다. 같은 연결선수(k)인 노드를 묶어서 표에 기록한다. 총 노드수를 세어 각 노드수로 총 노드수를 나누어준다. 이 값이 $P(k)$다. k와 $P(k)$ 사이의 관계 그래프를 그린다.

> 주로 4차로가 가장 많이 분포하므로, 3차로, 4차로, 5차로....의 분포를 조사하면 4차로를 중심으로 정상분포곡선을 그리게 되나, 조사지역의 특성상 다른 형태의 분포를 얻을 수도 있다.

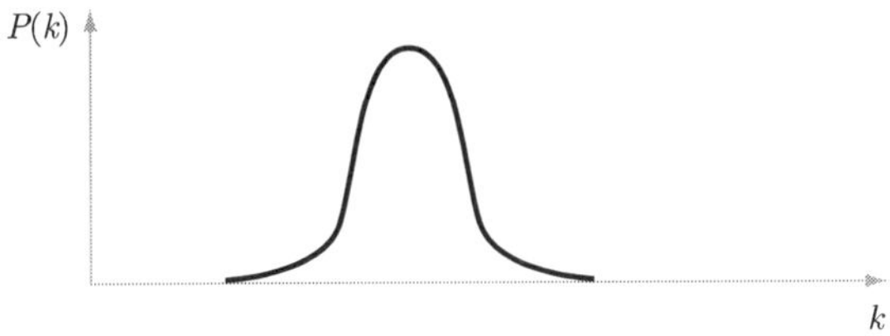

> 분포함수로 나타내는 방법에 대하여 논의하고 알려준다.

우연한 관찰

6. 지금까지 논의한 것들을 바탕으로 하여 내 주변에서 내가 관심있는 주제를 한 가지 선택하여 그것의 분포를 알아보자. 관심있는 주제를 적어보자.

- 내 주변의 친구관계 분포, 싸이월드나 블로그의 일촌 분포 등

> 학생들의 응답이 정상분포가 아닌 다른 분포를 예상하여 답할 수도 있다. 그럴 경우 어떻게 될 것인지에 대한 확인을 하도록 논의를 진행한다.

7. 관심있는 주제로 분포조사를 한다면 결과가 어떻게 나타날 것으로 생각되는가?

- 앞에서 보아왔던 대로 정상분포의 형태를 나타낼 것이다.

8. 논의한 주제 중 한 가지를 선택하여 분포를 찾아서 나타낼 수

> 이 과정에는 약간의 제약 조

건이 있다. 학습을 하는 구성원인 학생들이 서로 다 아는 사이이거나, 전혀 모르는 사이이거나, 또는 학생수가 너무 적어서 연결선이 너무 적게 나타나는 경우, 새로운 멱함수 분포가 나타나지 않을 수도 있다. 이 경우 네트워크를 구성하는 방법으로 분포를 조사할 수 있다는 논의만으로도 활동에 의의를 찾을 수 있다.

있는 방법에 대하여 논의하여 적어보자.

8-1. 선택한 주제

- 내 주변의 친구관계 분포 조사 방법

8-2. 분포를 나타내는 방법을 논의하여 적어보자.

- 한 사람의 이름을 노드로 보고 친구의 이름들을 선으로 연결한 다. 이때 내가 잘 모르는 친구의 친구는 나와 연결이 멀어진다. 각 노드(이름)당 연결선(친구)의 분포를 알아본다. 같은 연결선수를 갖는 노드(k)를 모아서 총 노드수로 나누어 분포함수[$P(k)$]를 구하고, 노드와 분포함수 사이의 관계를 그래프로 그린다.

8-3. 분포를 조사하는 과정을 순서대로 정리해보자.

① 친구들의 이름을 모두 적는다.
② 나를 중심으로 친구들의 이름을 선으로 연결한다.
③ 조의 다른 친구들 것과 비교하여 겹치는 이름을 연결한다.
④ 각 이름마다 번호를 매겨서 연결선수를 표 1에 기록한다.
⑤ 같은 연결선수(k)인 노드를 묶어서 표 2에 기록한다.
⑥ 총 노드수를 세어 각 노드수로 총 노드수를 나누어준다. 이 값[$P(k)$]을 표에 기록한다.
⑦ k와 $P(k)$ 사이의 관계 그래프를 그린다. 각 이름마다 연결된 수를 세어 표에 기록하여 그래프로 나타낸다.
⑧ 친구관계 분포가 어떤 형태를 나타내는지 논의한다.

8-4. 조사한 분포를 표로 정리해보자.

노드번호										
연결선수										

연결선수										
노드수										
노드수 /총노드수										

8-5. 연결선수(k)와 노드수/총노드수[$P(k)$] 사이의 관계를 알아보기 위하여 그래프로 그려보자.

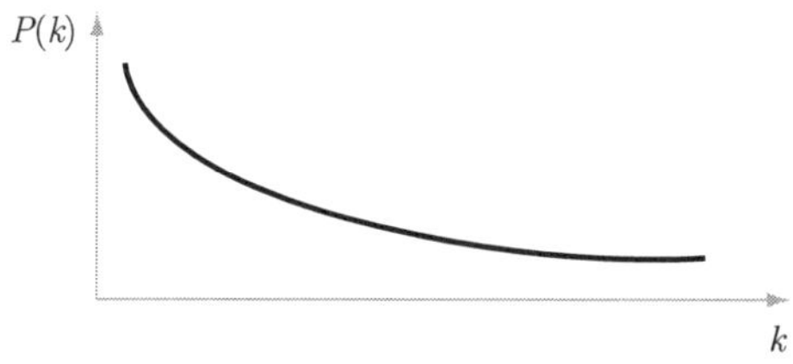

8-6. 그래프로부터 얻어진 결과를 정리해보자.

① 연결이 끝난 모양은 어떤 형태를 띠고 있는가? 이러한 형태를 어떤 용어를 사용하여 부르면 좋을까?

- 네트워크 형태

② 선택한 주제의 분포가 예상했던 결과와 같은지, 다르면 어떻게 다른지 정리해보자.

- 예상과는 달리 멱함수의 형태를 나타낸다. 정상분포곡선에서와는 달리 끝부분이 0에 근접하지 않는다.

관찰 및 현상의 이해

9. 위(8번)의 활동에서 내가 관심 있는 주제에 대하여 분포를 조사한 방법과 그 결과를 가지고 다음을 정리해보자.

9-1. 이번에 사용된 조사방법은 기존의 다른 분포의 조사방법과 어떤 차이점이 있는가?

- 네트워크 형태의 방법이 그 동안의 분포 조사와 다르다.

9-2. 조사결과를 어떻게 정리할 수 있을까? 결과에서 나온 분포의 의미는 무엇인가?

- 친구들의 이름 하나하나를 노드로 두고, 연결선을 조사하여 만든 네트워크에서 많은 친구와 연결되어 있는, 즉 친구가 아주 많은 친구는 아주 소수이고, 대부분의 친구들은 친한 친구의 수가 몇 명 이내로 적다는 것을 의미한다.

새로운 탐구

10. 앞에서 논의한 분포조사 방법을 더 큰 영역으로, 우리가 많이 사용하는 것들 중에서 보다 일반적이고, 큰 영역의 주제에 적용하여 논의를 좀더 확장시켜보자.

새로운 논의로 갈 수 있도록 적절한 예(싸이월드 미니홈피, 블로그 등)를 제공한다.

미니홈피에 접속할 수 있는 환경을 제공

10-1. 어떤 주제를 선택하면 좋을지 논의하여 적어보자.

- 싸이월드에서의 나의 일촌 분포

10-2. 분포를 조사하는 과정을 순서대로 정리해보자.

① 나를 중심으로 일촌의 이름을 적고, 선으로 연결한다.
② 나의 일촌은 아니지만 일촌의 일촌도 선으로 연결한다.
③ 각 이름마다 번호를 매겨서 연결선수를 표 1에 기록한다.
④ 같은 연결선수(k)인 노드를 묶어서 표 2에 기록한다.
⑤ 총 노드수를 세어 각 노드수로 총 노드수를 나누어준다.
이 값[$P(k)$]을 표에 기록한다.
⑥ k와 $P(k)$ 사이의 관계 그래프를 그린다.

10-3. 정리한 대로 분포를 조사하여 결과를 표로 정리해보자.

노드번호										
연결선수										

연결선수										
노드수										
노드수 /총노드수										

10-4. 연결선수(k)와 노드수/총 노드수[$P(k)$] 사이의 관계를 알아보기 위하여 그래프로 그려보자.

Ⓢ 나(개인)를 중심으로 하는 네트워크분포이므로 멱함수 형태의 그래프가 나오지 않을 수도 있다. 이런 경우에는 전체 싸이월드 네트워크를 분석한 과학자의 자료를 소개하고, 개인 네트워크에서의 한계점을 논의하게 한다. 또한, 정치인이나 연예인과 일반사람의 홈페이지를 비교하여 논의를 마무리 한다.

10-5. 선택한 주제의 분포가 어떻게 나타났는지 정리해보자.

- 싸이월드 네트워크의 1촌분포가 멱함수의 형태를 나타낸다.

적 용

11. 지금까지 알아본 새로운 분포를 찾아볼 수 있는 사례들에는 어떤 것들이 있을까?

- 유명한 정치인이나 연예인의 네트워크, www, 인터넷 사이트의 접속횟수 등

12. 지금까지 알아보았던 분포에 대한 학습이 우리에게 어떤 유용함을 줄 수 있을까? 논의하여 적어보자.

Ⓢ **싸이월드 네트워크 분석**
(논문발췌)

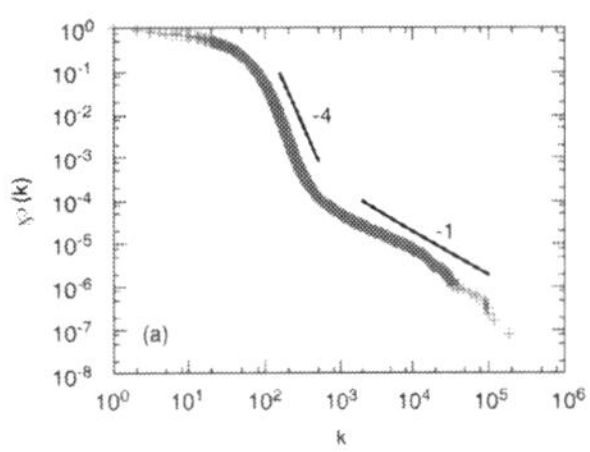

〈출처 : Analysis of Topological Characteristics of Huge Online Social Networking Services.〉
(정하웅 외, 2007)

- 내가 가지고 있는 어떤 정보를 친구들 모두에게 전해주어야 할 때, 네트워크상에 연결선수가 가장 많은 친구에게 정보를 전해주면 보다 빠른 시간에 정보를 전달할 수 있게 된다(실제로, 정치인이나 연예인의 경우에도 이 방법으로 정보를 전달하고 있다).
- 접속횟수가 많은 포털 사이트에서 컴퓨터 바이러스를 전파시키게 되면 순식간에 전 세계 많은 컴퓨터들을 감염시킨다.

05 화학나무 (Chemical tree)

수업모델 유사세렌디퍼티형 – 교수적도움

이 수업은 과학자의 연구형태 중 유사세런디퍼티형으로 진행된다. 산화와 환원에 관한 탐구실험을 하고 결과의 관찰 및 정리과정에서 유사성과 반복성에 대한 발견을 하도록 구성하여 과학자의 연구과정과 일상에서의 우연한 발견을 경험하게 된다. 유사세렌디퍼티형의 연구과정에서 내적 의식화 과정이 빠져있다.

『유사세런디퍼티형의 수업과정』

탐색 → 우연한 관찰 → 관찰된 현상의 이해 → 새로운 탐구 → 적용 → 내적 의식화

수업개요

질산은 수용액 속에 금속 구리를 넣어 금속 은결정이 석출되는 실험을 통하여 금속의 이온화 경향을 실험으로 알아본다. 이때 은이온이 결정으로 석출되고 구리가 이온으로 녹아들어가는 과정에서 은결정은 나무모양(수지상)으로 성장하는데, 이는 규칙적인 금속의 결정구조와는 전혀 다른 형태의 불규칙해 보이는 구조가 나타난다. 이 수업에서는 나무 모양의 결정을 자세히 관찰하며 자기 유사성과 반복성을 가진 구조임을 발견하는 것이다. 이로써 실험을 하는 동안 세심한 관찰을 통해 기대하지 않았던 결과를 얻어내고 이를 해석하는 과정이 과학자의 새로운 발견과 같은 과정임을 경험하게 되며, 이와 같은 성질을 응용한 분야에 대하여 조사하고 연관성을 찾아보도록 한다.

수업안내

- 수업 대상 : 중학생 이상
- 예상 소요시간 : 2시간
- 수업 준비물 : 한천용액, 배양접시, 구리테이프, 유리막대, 돋보기, 디지털 카메라

학습목표

1. 금속의 산화·환원 반응을 이해하고 금속나무 결정을 만들 수 있다.
2. 나무 모양 결정구조의 관찰과정을 통해 과학자의 연구형태와 사고과정을 학습한다.

탐 색

이 단계에서는 실험실에서 실시되는 일상적인 상황을 제시하고 탐색을 하는 것이다. 이 실험은 질산은 용액과 금속 구리의 반응을 개별적으로 실험하여 관찰하기 용이하게 개선한 것으로 '신나는 과학을 만드는 사람들(http://www.tes.or.kr/)'에서 개발한 실험을 이용한 것이다.

실험 시 유의사항

1. 한천은 약 80～90°C에서 녹는다. 투명하게 완전히 녹을 때까지 계속 저어주며 가열한다.
2. 한천용액은 약 38°C에서 굳기 시작하므로 그 전에 배양접시에 붓는다.
3. 거품이 생기지 않도록 조심해서 붓고, 거품이 생기면 약수저로 걷어낸다.
4. 한천 배지가 굳는데 걸리는 시간은 약 10분 정도이다. 한천의 양이 너무 적으면 굳지 않고 푸딩과 같이 된다.
5. 칼이나 가위를 사용할 때 다치지 않게 조심하여 사용한다.
6. 질산은 한천용액이 뜨거울 수 있으므로 반드시 장갑을 착용한다.
7. 구리테이프의 절단면이 날카로울 수 있으므로 주의한다.

1. 질산은 용액에 구리 조각을 넣었을 때 일어나는 변화를 관찰해 보자.

[실험재료]

0.1M 질산은 한천용액, 배양접시, 구리테이프, 가위, 연필, 핀셋, 돋보기, 디지털 카메라, 증류수, 가열장치, 약수저, 유리막대, 면장갑

[과정 1] 질산은 한천배지 만들기

1. 질산은 8.5g을 녹여 500mL로 만든 0.1M 질산은 용액 100mL를 비커에 넣고 가열한다.
2. 용액이 따뜻해지면 한천 약 1g을 넣으면서 잘 저어준다. 김이 하얗게 올라올 정도가 되면 가열을 중지한다. (주의! 끓지 않도록 한다.)

[과정 2] 질산은 한천배지에서 구리 조각의 변화 관찰하기

1. 구리테이프 뒷면에 나무 그림을 그린 후 오려서 배양접시 안쪽 바닥에 붙이고 질산은 한천용액을 1/2 정도 천천히 붓는다.
2. 완전히 굳은 질산은 한천배지에서 시간이 경과함에 따라 어떤 모양, 색깔로 변화되는지 관찰해보자.

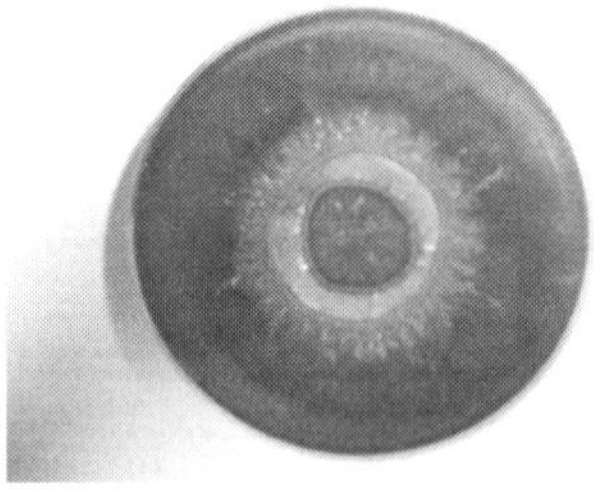

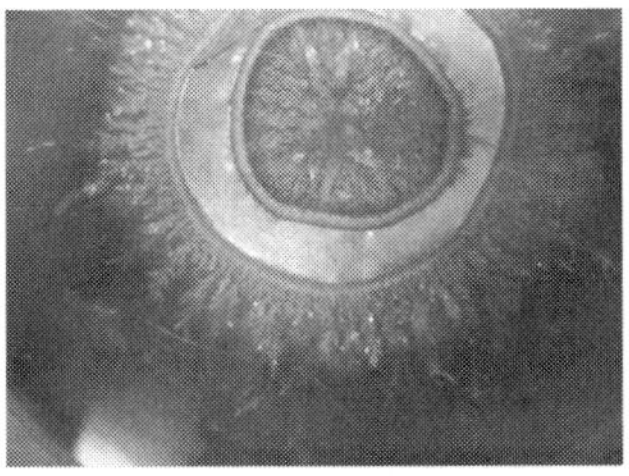 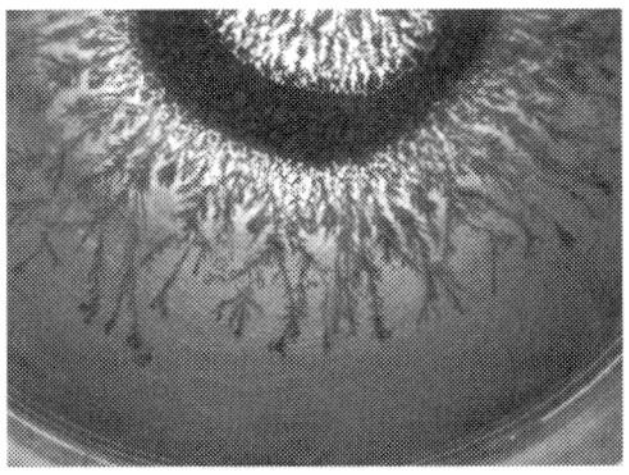

우연한 발견

2. 배양접시에서 일어나는 질산은과 구리의 반응 모습을 일정 시간 간격으로 관찰하고 디지털 카메라를 이용하여 변화 모습을 촬영해보자.

2-1. 시간이 지남에 따라 배양접시에서 일어나는 변화를 자세하게 기록해보자. 모양과 색깔, 크기는 어떻게 변화하는가?

- 시간이 경과함에 따라서 은이 석출되어 구리테이프 주변에 붙는다. 반짝이는 금속 결정을 관찰할 수도 있다. 점점 회색빛을 띠는 은결정이 구리테이프 주변에 마치 나무의 가지가 자라나는 것처럼 뻗어나가는 모양을 한다. 은결정의 색깔은 처음에는 연두색이고, 시간이 지남에 따라 검정색으로 변해간다. 또한 구리테이프 주변에 생기는 은결정은 점차 커져 배양접시를 모두 채울 만큼 크게 자란다.

일반적인 질산은 용액과 금속 구리의 반응을 통하여 산화와 환원을 설명할 수 있다. 이때 은이 석출되면서 서로 엉겨 덩어리가 만들어지고 난반사에 의해 은은 회색으로 보인다.

2-2. 배양접시 안에 금속의 모양과 크기 색깔의 변화가 생기는 이유는 무엇인가?

- 한천에 녹아있는 은 이온과 구리 금속의 반응성의 차이에 의하여, 반응성이 큰 구리 금속은 전자를 잃고 구리 이온으로 녹아 들어가고 반응성이 작은 은 이온은 전자를 얻어서 은으로 석출된다. 따라서 시간이 경과함에 따라, 석출되는 은의 양이 많아져서, 은가지의 길이가 늘어나고, 증가한 구리 이온 때문에 주변의 색깔이 푸른빛이 돈다.

2-3 디지털 카메라의 배율을 조정하여 확대 사진을 찍고 관찰해보자.

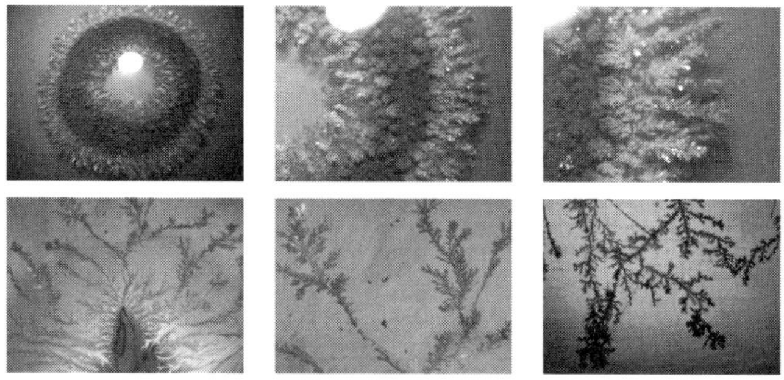

3. 이 실험에서 질산은 용액의 농도는 0.1M을 사용하였다. 질산은 용액의 농도를 달리하여 실험한다면 어떤 변화가 생기겠는가?

- 농도를 작게 하여 실험하면, 은이온 수가 적어서 석출되는 은의 양이 줄어들어 은결정으로 이루어진 가지가 작아질 것이다. 농도를 크게 하여 실험하면, 은이온 수가 많아 석출되는 은의 양이 많아지고 은결정으로 이루어진 가지가 커질 것이다.

Ⓢ 실험결과를 주의 깊게 관찰하고, 관찰한 내용을 상세히 기록하도록 한다. 예상했던 것뿐만 아니라 예상하지 못했던 것들도 포함하여 모든 것을 관찰하고 기록하도록 독려한다.

4. 금속과 금속 염용액을 다른 것으로 바꾸어 실험해보자.

- 구리테이프와 질산은 용액을 대신하여 알루미늄테이프와 염화구리 수용액으로 바꾸어 실험할 수 있다. 이 밖에도 아연 조각과 5% 질산납 수용액, 철사 코일과 5% 염화주석 수용액 등을 이용하여 실험을 구성한다.

5. 실험결과를 기록해보자.

Ⓢ 과학자는 하나의 기본원리를 다양하게 적용하여 공통적 성질을 파악하는 연구과정을 수행함을 알게 한다.

Ⓢ 금속과 금속염 수용액을 다양하게 변화시킨 조합을 만들어서 반응의 유무를 파악하도록 한다. 실험결과로부터 금속의 반응성에 대한 이해를 높일 수 있다.

	실험결과	관찰내용
철 + 염화주석		
아연 + 질산납		
알루미늄 + 염화구리		

관찰된 현상의 이해

6. 구리테이프에 은이 석출되는 까닭은 무엇인가?

- 금속이 수용액 속에서 이온으로 되려는 성질인 이온화 경향의 차이에 의한 현상이다. 이온화 경향이 작은 금속의 수용액에 이온화 경향이 큰 금속을 넣어 주면 용액 중의 이온이 결정으로 석출되어 마치 나뭇가지와 같은 금속 결정이 만들어지게 된다. 따라서 질산은 용액 속에 구리를 넣으면 질산은 용액의 은 이온은 구리보다 이온화 경향이 작으므로 구리는 녹아 이온으로 되고, 은은 금속으로 석출이 되어 결정이 된다.

$$2Ag^{+}(aq) + Cu(s) \rightarrow 2Ag(s) + Cu^{2+}(aq)$$

7. 금속 결정이 자라는 모습의 특징은 무엇인가?

- 나무가 곁가지를 만들어가는 모양을 하는데 그 모습이 구조 내에서 똑같은 구조가 계속 반복되는 자기 유사성을 가지고 있는 도형과 같다. 전체를 여러 부분으로 나누었을 때 부분 안에 전체의 모습을 갖는 무한 단계에서의 기하학적인 도형이 생긴다.

이온화 경향
원자 또는 분자가 이온이 되려고 하는 경향으로 이온화가 되기 쉬운 것을 이온화 경향이라고 한다. 일반적으로 금속 원소가 양이온이 되어 용액 속으로 들어가려고 하는 경향을 말한다. 이 경향은 금속 원소의 종류, 용액의 농도에 따라 다르므로 정량적으로 비교하기 위해서는 일정한 조건하에서 전극전압을 비교하는 것이 보통이다.

새로운 탐구

8. 기본 점과 선을 이용하여 일정한 패턴에 따라 스스로 성장하는 자기조립화방식의 여러 가지 모양을 만들어보자.

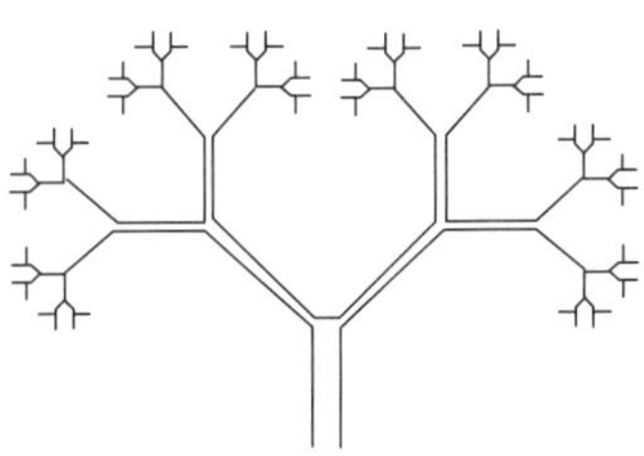

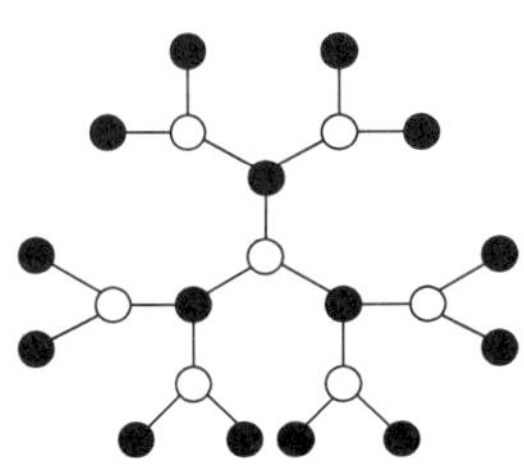

프랙탈
자연에서 발견되는 불규칙적인 형상이나 분포에 존재하는 규칙성의 특성은 이러한 형태를 형성하는 기본 구성요소의 분포가 멱함수 법칙을 만족한다는 것이다. 멱함수 분포를 따르는 형상의 임의의 영역을 확대하거나 축소해도 그 형상은 달라지지 않는데, 이처럼 부분이 전체를 닮은 성질을 가리켜 '자기유사성'이라고 하며, 자기유사성이 있는 형상을 프랙탈이라 한다.

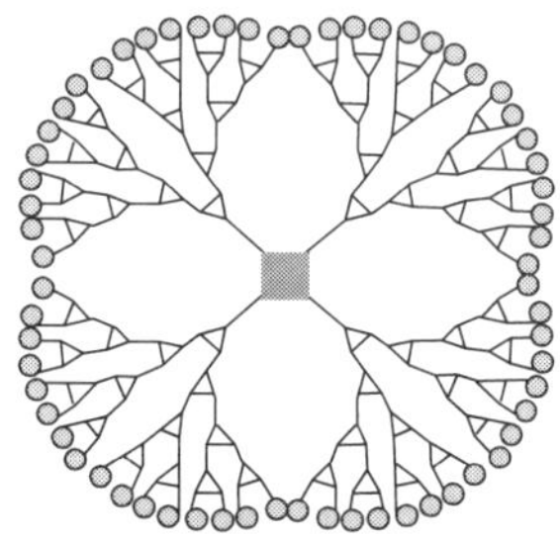

9. 위 모양이 가지는 특징은 무엇인가?

- 중심으로부터 나뭇가지가 뻗은 모습에 일정한 단위 구조가 반복되고 있으며 전체 구조의 가운데가 비어있는 것을 알 수 있다. 또한 여러 번 세대를 반복할수록 밀도가 커지면서 가지가 맞닿아 닫혀 크기가 일정해진다. 주로 둥근 모양을 띠게 된다.

적 용

10. 금속 결정이 성장해 가는 모습과 같은 구조를 갖는 것을 일상생활에서 찾아 특징을 설명해보자.

- 폐혈관이 뻗어나간 모습이나 번개가 치는 모습, 나뭇가지, 뇌의 모습, 리아스식 해안선, 브로콜리 등 어느 부분을 확대하여도 전체의 모습을 볼 수 있는 자기닮음구조를 가지는 것의 예는 다양하다.

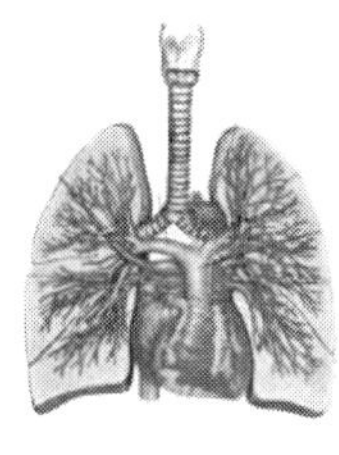

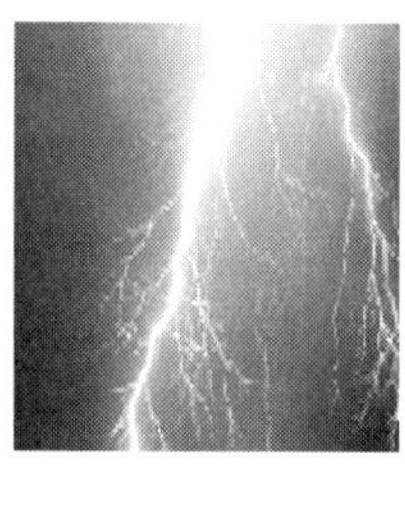

유한확산집합체
(diffusion limited aggregation)
무작위적(random), 비평형적(non-equilibrium), 비가역적(irrevirsible) 물질의 성장(growth)을 대표하는 프랙탈 응집체 중 가지치기 구조를 갖는 물질 성장을 설명하는 모형이다. 이러한 가지치기 구조의 특징은 내부와 외부를 구별하기 힘든 것으로, 번개칠 때의 모양, 유전체 파괴가 일어날 때의 모양, 생물학에서의 박테리아 군체의 성장, 금속 재료 등에서 나타나는 크랙 전파, 나뭇가지 성장 등에서 볼 수 있다.

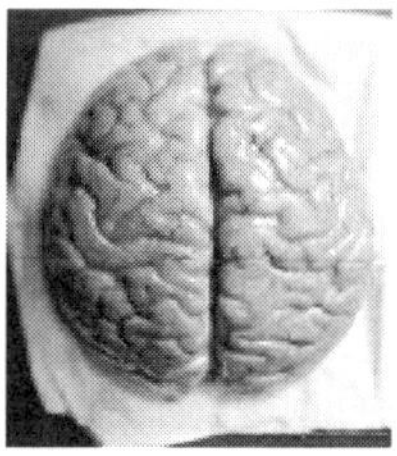  

11. 레고 블록처럼 원자를 조립하여 물질을 만드는 분야에서는 위와 같은 구조를 응용하여 새로운 물질을 만들고 있다. 어떤 분야에 이용되는지 알아보자.

- 끝은 다양한 물질과 결합할 수 있고, 중심은 비어있는 구조이므로 주위의 건강한 조직을 다치지 않고 원하는 약물을 캡슐처럼 담아 전달하여 감염부위나 종양부위에 선택적으로 치료하는 약물전달체나 촉매역할을 하여 영상진단기기 조영제 등에 이용된다. 또한 반도체, 차세대 디스플레이 소재, 초고밀도 메모리, 전자 잉크, 기존 물질로는 구현이 어려운 분야에 이용한다.

세렌디퍼티를 위해서는 매우 일반적인 교수 학습과정의 상황에서 비교적 포괄적인 목표를 제시하고, 자유롭게 의견을 나누며, 논의하는 기회를 제공하는 것이 필요하다. 의도한 학습목표를 달성하기 위해 노력을 하고, 그 과정에서 문제를 다양한 방법으로 보게 하고, 전제를 변경해보고, 중간 과정을 변화시켜 봄으로써 새롭게 문제를 제기하는 경험을 제공하는 것이 중요하다. 또한, 세심한 관찰을 통한 예기치 않은 질문이나 새로운 문제의 제기를 수용하며 의견을 공유하도록 한다.
제기된 문제나 상황에 대하여 해결 방안을 교사가 제시해야하는 것은 아니며 스스로 해결해 갈 수 있도록 격려함으로써 세렌디퍼티적 성과에 대한 가능성을 극대화 할 수 있다.

참고자료

케미컬트리–덴드림머 (dendrimer)

현재 우리 생활은 합성 섬유, 플라스틱 또는 접착제와 같은 고분자 물질의 세상에서 살고 있다. 우리가 기존에 사용하는 고분자 물질은 기본물질인 단량체라 불리는 구성단위로 되어 있으며 긴 선형분자로 2차원적인 사슬 성장에 의해 만들어지고 일부 접착제나 열경화성 플라스틱, 탄성 플라스틱은 부분적인 삼차원 구조를 가지고 있다. 반면에 덴드리머란 완전한 3차원적 형태를 지닌 최초의 인조 고분자이다. 중심(core) 분자로부터 나뭇가지 모양의 단위구조가 반복되어 마치 자라는 모양이 나무의 가지가 뻗어나는 모양을 닮아서 덴드론이라고 부르기도 하고 터지는 폭죽모양을 닮았다고 해서 불꽃놀이에서 사용하는 화약의 이름을 따 덴드리머라고도 부른다.

폐렴, 수막염, 중이염 등을 일으키며 매년 160만 명의 생명을 앗아가는 폐렴구균을 치료하는 새로운 의약품 개발의 과정에서 미국의 화학자 도널드 토말리아가 1979년부터 4년여의 연구 끝에 합성에 성공하였다. 덴드리머는 구조가 잘 알려진 거대분자로서, 정확한 분자량과 구조를 예측하여 합성할 수 있어 세포를 통과할 수 있는 나노 크기의 입자를 만들 수 있다. 이로써 약물을 가지고 있는 덴드리머가 주위의 건강한 조직을 상하지 않고 원하는 세포를 선택적으로 치료할 수 있는 물질 전달체로 사용될 수 있음이 밝혀지고 있다. 또한 덴드리머의 최외곽에 존재하는 물질을 적절히 조절하여 표면성질 및 용해도 등이 다른 다양한 물질을 합성할 수 있어 다양한 분야의 응용이 활발하게 연구되고 있다. 덴드리머의 응용은 의약품 운반체, 토너 보조제, 촉매 운반제 등으로 적용되기 시작하여 현재는 전기전자 및 초분자화합물의 특성이 부여된 화합물을 만드는 것으로까지 발전하고 있는 것이다.

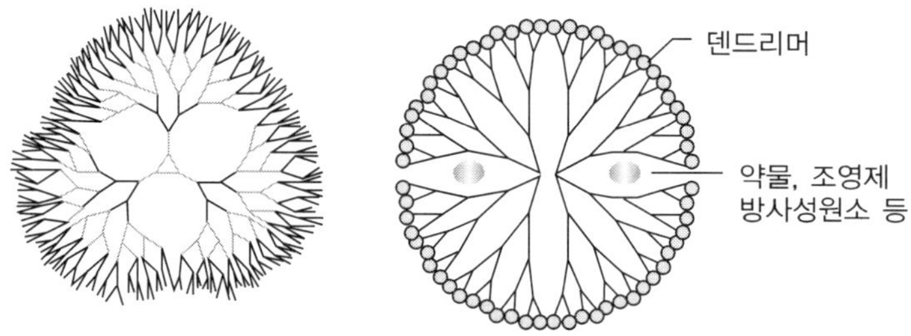

06 과학사를 통한 광합성의 이해

수업모델 **유사세런디퍼티형 – 교수적도움**

이 수업은 과학자의 연구형태 중 유사세런디퍼티형으로 진행된다. 과학적으로 고안된 생물학적 실험을 통해 광합성에 대한 연구를 해 나가는 과정을 살펴보면서 과학자의 연구과정과 일상에서의 우연한 발견을 경험하게 된다. 유사세런디퍼티형의 연구과정에서 본 모듈은 내적 의식화 과정이 빠져있다.

『유사세런디퍼티형의 수업과정』

탐색 → 우연한 관찰 → 관찰된 현상의 이해 → 새로운 탐구 → 적용 → 내적 의식화

수업개요

광합성에 대한 연구는 빠른 속도로 진전되어 광합성과정의 각 단계가 밝혀지고 있으나 20세기 이전만 해도 광합성의 본질이 무엇인지조차 잘 알려지지 않았다. 고대 그리스인들은 식물에게 필요한 모든 것을 흙에서 충족할 수 있었다고 믿었으며 사람들은 이 개념을 거의 2000년 동안이나 믿어왔던 것이다. 광합성연구의 기원은 17세기 중엽 벨기에의 의사이며 화학자였던 헬몬트(Jan Baptista van Helmont)까지 올라간다. 헬몬트는 식물이 정말로 흙에서 모든 영양분을 얻는지에 대한 궁금증을 풀기 위해 작은 수양버들을 화분에 키우면서 물 이외에는 흙에 아무 것도 주지 않았다. 5년 뒤 그는 나무의 무게가 거의 75kg나 증가한 반면 흙의 무게는 겨우 60g 밖에 줄지 않았다는 것을 알았다. 따라서 헬몬트는 식물에게 필요한 대부분의 물질은 흙에서 나오는 게 아니라는 것을 알게 되었다. 그러나 그는 공기의 성분은 고려하지 않고 수양버들이 물에서 모든 영양분을 얻는다는 그릇된 결론을 내리는 오류를 범했던 것이다. 그 이후 18세기 후반 영국의 프리스틀리(Jeseph Priestley, 1733~1804)가 양조장 근처에 살면서 우연하게 이산화탄소 기체를 발견하게 되고, 이를 모티브로 식물의 광합성에 기체가 관련되어 있다는 사실을 실험을 통해 알게 됨으로써 광합성에 대한 연구는 더욱 활발해진다. 후에 식물의 광합성에는 빛이 필요하다는 것, 식물의 엽록체에서 이산화탄소와 물을 이용해 유기물을 합성한다는 것 등을 알게 되고 광합성과정을 밝혀낸다. 수업의 후반부에 실제로 광합성에 관한 간단한 실험을 통해 프리스틀리가 발견한 CO_2가 광합성에 필요한 물질임을 확인하게 된다.

수업안내

- 수업 대상 : 중학생 이상
- 예상 소요시간 : 3시간
- 수업 준비물 : BTB 용약, 녹색 식물 잎, 비커, 형광등, 기타 본문 참조

학습목표

1. 광합성에 대한 연구과정을 이해하고 그 흐름을 이해할 수 있다.
2. 우연한 발견과 관련된 광합성의 과학사를 통해 과학자의 연구형태와 사고과정을 익힌다.

탐 색

1. 헬몬트의 실험

헬몬트는 기원전 4세기경 아리스토텔레스가 생각한 '식물의 뿌리는 동물의 입과 같아 뿌리를 통해 흙 속에 이미 만들어져 있는 먹이를 먹고 산다'는 생각에 의문을 갖게 되었다. 이런 생각을 바탕으로 헬몬트는 식물이 흙속의 먹이를 먹는다면 흙의 양이 줄어들 것이라는 가정을 하고 거름을 주지 않고 매일 물만 주면서 5년 동안 키운 후 무게를 측정하였더니 아래의 표와 같았다.

	최초의 무게(kg)	5년 후의 무게(kg)	무게 변화량(kg)
버드나무 무게	2.3	76.8	(+74.5)
흙의 무게	90	89.94	(−0.06)
화분의 무게	92.3	166.74	(+74.44)

식물이 흙속의 먹이를 먹고 자란다면 5년 후의 나무의 무게가 증가한 만큼 흙의 무게가 증가해야한다.

1-1. 5년 동안 흙과 버드나무의 무게 변화를 볼 때 식물이 흙속의 먹이를 먹고 자란다고 생각할 수 있는가?

- 흙의 무게는 단지 0.06kg만 줄어든 것으로 보아 흙속의 먹이를 먹고 자란다고 할 수 없다.
  (버드나무가 많이 자랐음에도 흙은 거의 줄어들지 않았으므로 버드나무가 흙속의 먹이를 먹고 자란다고 생각할 수 없다.)

헬몬트의 실험은 물이 식물의 생장에 이용된다는 최초의 암시이긴 하지만, 공기의 성분을 고려하지 않아 오류를 범하였다.

1-2. 헬몬트는 버드나무의 무게가 늘어난 이유는 무엇이라 생각했을까 ?

- 매일 물을 주었으므로 식물이 물을 흡수해서 무게가 늘어났을 것이다.

- 버드나무에게 주었던 물이 변화하여 버드나무를 이루었다고 생각했다. (즉, 버드나무가 물로 이루어져 있다고 생각함)

1-3. 위의 실험결과를 통해 헬몬트가 내린 결론은 무엇인가?

- 식물체는 흙에서 양분을 얻어 자라는 것이 아니고, 물에서만 양분을 얻어 자란다.

우연한 관찰

맥주가 발효하면서 그 위에 생기는 두터운 거품 층에 관심을 갖게 된 프리스틀리는 그 거품의 공기를 얻어다가 여러 가지로 실험을 해보았다. 마침 영국의 과학자들 사이에는 공기에 대한 관심이 높아가고 있었으므로 그가 이런 일에 관심을 갖게 된 것도 아마 같은 이유 때문이었을 것이다.

이산화탄소의 운반 방법을 고안하려다가 탄산음료를 발명했다.(발견의 역사에는 옆으로 빠지는 바람에 대어를 낚은 일이 얼마든지 있음)

맥주는 보리에 홉과 효모를 섞어 큰 나무통에 넣어 만드는데 효모가 액체를 발효시키면 거품이 나오고 많은 탄산가스가 나오게 된다.

2. 다음은 프리스틀리의 이야기이다.

18세기 후반 영국 리즈에는 성직자인 동시에 화학자인 프리스틀리(Jeseph Priestley, 1733～1804)가 교구 목사로 재직하고 있었다. 그런데 언제부터인가 프리스틀리 목사가 한 밤중에 양조장(술만드는 곳)을 기웃거린다는 좋지 않은 소문이 돌았다. 그런 소문에 대해 양조장 직원은 "목사님이 하시는 일이라고는 양초를 이용해 나무 조각에 불을 붙인 다음 술통(술이 들어 있는 통)에 가까이 가져가 보는 것 밖에 없어요. 그러다 **불이 꺼지면** 다시 양초로 불을 붙여 술통으로 가져가는 일을 반복하지요"라고 말했다. 하지만 프리스틀리에 대한 사람들의 의심은 줄어들지 않았다. 그 후 다른 교구로 옮겨가게 된 프리스틀리는 양조장을 찾기가 어려워졌다. 그래서 그는 양조장에서 흥미롭게 지켜봤던 **미지의 기체를 압축해서 물통에 저장하는 방법**을 고안했다.

2-1. 프리스틀리가 양조장에서 우연히 발견한 기체는 무엇인가? 또한, 불이 붙은 나무를 술통에 가까이 가져가면 왜 불이 꺼지는 것일까?

- 이산화탄소
- 불이 꺼지는 이유 : 이산화탄소는 공기보다 무겁기 때문에 밑으로 가라앉는데 거기다 불을 가져가면 산소가 부족해서 불이 꺼질 수밖에 없다.

2-2. 양조장을 찾기 어려워진 프리스틀리가 미지의 기체를 압축해서 물통에 저장하는 방법을 고안하게 되었는데, 공기와 물을 섞는 쉬운 방법에는 어떠한 것이 있을까?

- 컵 두 개를 준비하고 한 컵에는 물을 채우고 다른 쪽에는 그 공기(이산화탄소)를 채운다. 이 두 컵을 서로 위치를 바꾸면서 물을 몇 번 부어주면 물에 거품이 나는, 즉 이산화탄소가 섞인 액체가 만들어진다. 소다수가 된다는 것을 알게 된 것이다. 물에 탄산가스를 섞어낸 것이었다.

프리스틀리가 만든 소다수는 인공으로 만든 것으로는 처음이 되지만 이미 사람들은 소다수를 잘 알고 있었다. 세계 곳곳에 있는 천연의 광천수(광물성, 방사성 물질을 비교적 많이 함유하고 있는 샘물)가 바로 그런 물을 만들어 주고 있었기 때문이다. 당시 그는 도이칠란트의 피어몬트 광천수를 생각하고 있었다. 약간의 황 냄새와 함께 거품을 일으켜 주는 피어몬트수는 병에 넣어 외국에 수출되었고, 영국에서는 그 값이 아주 비쌌다.

2-3. 위와 같이 프리스틀리가 기체의 운반 방법을 고안하려다가 우연하게 발명하게 된 것은 무엇인가?

- 물에 이산화탄소가 녹아들어간 소다수(탄산음료)를 발명하게 됨(이 기체가 녹아있는 물은 기분 좋게 톡 쏘는 맛이 났다. 프리스틀리는 피어몬트 광천수를 흉내내어 그가 만든 소다수에 타타르산, 식초 등을 약간 섞어 맛있고 상쾌한 음료를 만들어냈다. 수입한 피어몬트수와는 비교할 수 없는 싼 값으로 인공 청량음료가 처음 개발된 것이다.)
- 탄산음료(사이다, 콜라 등) – 소다수에 과일향이나 카페인, 인산 등을 첨가해 만든 것

관찰된 현상의 이해

3. 1772년 프리스틀리는 '헬몬트가 빠뜨린 것은 기체가 아닐까? 헬몬트는 버드나무에 들어간 것은 물뿐이라고 생각했지만, 기체도 들어가고 나오고 할 수 있을 것이다'라고 생각하였다. 그는 이것을 증명하기 위한 실험을 하였다.

동물의 호흡이나 양초의 연소를 통해 공기가 오염되고 이 공기를 식물이 정화한다고 결론 내림

광합성 과정에서 이산화탄소가 이용되고 산소가 방출된다는 사실을 암시하는 실험이다.

(가) (나) (다)

(가) 밀폐된 유리종 속에 쥐만 두면 죽는다. (나) 밀폐된 유리종 속에 식물만 두면 죽는다. (다) 밀폐된 유리종 속에 식물과 쥐를 함께 두면 모두 산다.

프리스틀리의 실험으로 식물은 동물이 살아가는 데 어떤 도움을 준다는 것을 알게 되었고, 이 실험으로 산소가 발견되는 계기가 마련되었다.

3-1. (가)와 (나)에서 쥐와 식물이 죽은 이유는?

- 쥐와 식물의 생존에 필요한 어떤 성분이 고갈되었기 때문

3-2. (다)에서 식물과 쥐가 모두 산 이유는?

- 식물과 쥐의 생존에 필요한 어떤 성분이 계속 공급되었기 때문

3-3. 이 실험결과 프리스틀리가 내린 결론은 무엇인가?

- 식물은 나쁜 공기를 정화시켜 쥐의 호흡에 필요한 기체를 공급한다.

4. 이후에 프리스틀리는 또 다른 기체를 발견하게 된다.

1774년 새로운 기체를 찾는 데 재미를 붙인 프리스틀리는 선물로 받은 커다란 볼록렌즈로 여러 가지 물질에 태양 광선을 집중시키는 실험을 하던 중 우연히 어떤 기체를 얻게 되었다. 그는 **그릇 속에 이 기체를 가득 넣고 촛불을 넣었더니 양초가 불꽃을 내면서잘 타오르는 것을 관찰하였다. 또 쥐 한 마리를 잡아 그 기체가 든 유리그릇에 넣었더니 공기만 있을 때보다 쥐가 더 오랫동안 버티는 것을 관찰할 수 있었다.** 프리스틀리가 발

견한 기체는 분명 그때까지 밝혀진 적이 없는 새로운 기체였다. 프리스틀리는 이 기체가 폐 기능에 문제가 있는 사람에게 도움이 될지도 모른다고 생각했다.

4-1. 프리스틀리가 발견한 기체는 분명 그때까지 밝혀진 적이 없는 새로운 기체였다. 라부아지에는 평소 궁금해 하던 기체가 곧 프리스틀리가 발견한 기체라는 사실을 알고 이 기체의 구체적인 성질을 밝혔는데, 숨을 쉴 때 없어서는 안 되는 이 기체는 무엇일까?

- 산소

새로운 탐구

5. 다음 실험을 통해 식물의 광합성에 필요한 물질이 무엇인지 알아보자.

① BTB 용액을 준비한다.
② 녹색의 식물 잎 조각을 준비한다.
(잎 조각을 칼로 일정하게 잘라서 시험관의 1/10 만큼 넣는다.)
③ 100mL의 증류수가 들어있는 비커에 0.05g의 NaOH를 완전히 녹인 후, BTB 용액 1방울을 떨어뜨린다.
④ 빨대를 이용하여 날숨을 충분히 불어 넣는다.
⑤ 잎 조각이 들어있는 시험관에 ④의 용액을 가득 넣고, 고무마개로 막는다.
⑥ 준비된 시험관을 가로로 놓고, 밝은 형광등 아래에 30분 정도 놓아둔다.

BTB 용액의 성질: BTB 용액은 산성에서는 황색, 중성에서는 녹색, 염기성에서는 청색을 나타내므로 산성인지 염기성인지를 알려 주는 지시약으로 사용한다.

BTB 용액에 이산화탄소가 많이 녹아있으면 황색으로 변하고, 이산화탄소가 없어지면 청색으로 변한다.

5-1. ④과정에서 BTB 용액이 들어있는 시험관에 날숨을 충분히 불어 넣으면 용액의 색깔은 어떻게 변하는가?

이 실험을 할 때의 주의할 점은 비커에 입김을 불어넣을 때 빨대를 이용하며, 이때 물이 시험관 밖으로 흐르지 않도록 주의시킨다.

- 녹색의 용액에 날숨을 불어넣으면 이산화탄소가 녹아 용액이 산성을 띠므로 황색으로 변한다.

시험관을 가로로 놓아야 잎 조각이 골고루 빛을 받을 수 있다.

5-2. 밝은 형광등 아래에 30분 정도 놓아둔 시험관의 BTB 용액의 색깔은 어떻게 변하는가?

- 잎 조각을 넣어준 시험관 안의 용액은 다시 녹색으로 바뀐다.

잎 조각을 넣은 시험관과 용액만을 넣은 시험관을 비교 관찰하면 더 효과적이다.

5-3. 이 실험을 통해서 확인할 수 있는 사실은 무엇인가?

- 잎 조각이 빛 아래에서 광합성을 하면서 이산화탄소를 흡수하였다. (이산화탄소를 소비하였다.)

6. 프리스틀리 이후에 광합성에 대한 어떤 연구들이 진행되었는지 조사해보자.

잉겐호우스의 실험(1779년)

그는 프리스틀리의 실험을 보완하기 위해 아래 그림과 같이 빛이 있는 경우와 빛이 없는 경우를 각각 관찰하였다.

(가) (나)

(가) 밀폐된 유리종 속의 식물에 빛을 비추면 식물과 쥐가 계속 살 수 있다.
(나) 밀폐된 유리종 속에 식물이 있어도 빛이 없으면 쥐가 죽는다.

- 이 실험을 통해서 잉겐호우스가 내린 결론 : 식물은 빛이 있어야만 쥐의 생존에 필요한 기체를 만들 수 있다.
  즉, 잉겐호우스는 프리스틀리의 실험결과는 반드시 햇빛이 있어야 하고 녹색 식물일 때에만 가능하다는 것을 알아냈다.
- 소쉬르(1804년)는 광합성에 물이 필요하다는 사실을 밝혀냈다.
- 작스(1864년)는 식물의 엽록체에서 이산화탄소(CO_2)와 물(H_2O)을

이용해 유기물을 합성한다는 것을 알아냈다.

이러한 여러 가지 실험을 통해 광합성에는 이산화탄소와 빛이 필요하며, 광합성을 통해 산소가 만들어진다는 사실이 밝혀졌다.

20세기에 들어서 광합성의 결과 방출되는 O_2는 H_2O에서 유래된다는 것이 밝혀졌으며, 그 후 광합성과정에는 명반응과 암반응이 있다는 것과 그 반응의 과정도 밝혀졌다.

적 용

7. 어항에 물고기를 넣고 키울 때 물고기를 오래 살게 하는 방법에는 어떤 것이 있을지 생각해보자.

- 어항에 물고기와 수초를 함께 넣어주면 물고기의 호흡과정에서 방출된 이산화탄소를 수초가 광합성의 재료로 사용하게 되고, 광합성의 결과 산소를 방출하여 물고기의 호흡에 사용될 수 있다.

07 축전기

수업모델 **유사세런디퍼티형 – 도움중지**

이 수업은 과학자의 연구형태 중 유사세런디퍼티형으로 진행된다. 검전기 실험으로부터 전하의 충전을 우연히 발견하는 상황으로, 이것의 응용으로 축전기가 만들어지게 되는 것을 발견하게 되면서 우연한 발견이 과학자의 연구과정에서도 있음을 배우게 된다. 유사세런디퍼티형의 연구과정에서 본 모듈은 내적 의식화 과정이 빠져있다.

『유사세런디퍼티형의 수업과정』

탐색 → 우연한 관찰 → 관찰된 현상의 이해 → 새로운 탐구 → 적용 → 내적 의식화

수업개요

회로의 양 끝에 평행한 도체 판을 연결하면 도체 판으로 전하가 이동하여 전위차가 발생하고 건전지의 전압과 도체 판 사이의 전위차가 같아질 때까지 전류가 흐르게 된다. 이와 같은 과정이 충전이고, 서로 다른 전하로 대전된 검전기를 이용하여 전하의 충전 상황이 만들어지는 것을 발견하게 함으로써 축전기의 특성에 대한 학습을 하게 된다. 이러한 사고의 전환이 과학자의 우연한 발견과 비슷한 과정이었음을 확인하게 된다.

수업안내

- 수업 대상 : 고등학생 이상
- 예상 소요시간 : 3시간
- 수업 준비물 : 검전기, 유리병, 호일, 건전기, 전구, 전선 등

학습목표

1. 검전기 실험으로 충전과 방전에 대한 학습을 통해 축전기의 원리를 이해한다.
2. 축전기의 원리를 이해하는 과정에서 과학자의 연구형태와 사고과정을 학습한다.

탐 색

1. 다양한 종류의 검전기를 만들어서 검전기의 특성과 대전된 전하의 종류를 알아보자.

1-1. 만들 수 있는 검전기에는 어떤 것들이 있는지 논의하여 정리해보자.

- 시약병과 클립으로 만드는 간이 검전기
- 유리병과 호일을 이용한 검전기
- 전류가 흐르는 도선 주위에 나침반의 움직임으로 확인

1-2. 검전기 전체를 (+) 또는 (−)로 대전시키는 것이 가능한가?

- 정전기 유도 실험을 실시한 다음 손을 댄다.

1-3. 대전된 전하의 종류를 알 수 있는 방법에는 어떤 것이 있을까? 논의하여 실제 실험을 하여 결과를 확인해보자.

- 에보나이트 막대를 가까이 했을 때의 변화를 확인한다.

1-4. 논의한 내용 중 몇 가지를 선택하여 실험을 직접 수행하여 대전량, 금속박이 벌어진 시간, 검전기의 크기에 따른 결과를 보고, 같은점과 차이점을 찾아서 적어보자.

- 대전량에 따라 벌어지는 금속박의 각도에 차이가 난다.
- 대전량에 따라 벌어져 있는 시간에 차이가 난다.
- 벌어진 금속박이 시간이 지나면 저절로 오므라든다.

> 실험을 수행하는 과정에서 금속구(알루미늄 호일을 이용하여 만든 것)를 이용한 검전기를 만들도록 유도한 다음, 검전기 전체를 (+) 또는 (−)로 대전시켜 두 검전기를 가까이에 두게 하고 결과를 확인하도록 유도한다.

2. 같은 종류의 전하로 대전된 같은 모양과 크기의 검전기를 가까이 했다가 멀리했을 때의 변화는 어떠한지 적어보자.

- 금속박이 오므라든다. (대전된 전하량이 적은 경우)
- 금속박이 오므라들었다가 다시 벌어진다.

3. 다른 종류의 전하로 대전된 같은 모양과 크기의 검전기를 가까이 했다가 멀리 했을 때의 변화는 어떠한지 적어보자.

- 금속박이 더 벌어진다. (대전된 전하량이 적은 경우)
- 금속박이 더 벌어졌다가 다시 오므라든다.

우연한 관찰

두 가지 상황을 비교하여 논의가 전하를 저장하는 방법으로 진행될 수 있도록 적절한 교수적 도움을 제공한다.

4. 2번과 3번의 실험을 하는 과정에서 관찰된 현상들을 조별로 논의해보자.

- 대전된 전하량이 적을 때 금속박의 변화를 관찰하기가 어렵다.
- 다른 종류의 전하로 대전된 검전기에서 금속박의 변화가 오랫동안 관찰된다. 즉 전하가 오랫동안 방전되지 않는다.

5. 관찰된 현상을 전체적으로 논의하여 새로운 관찰결과를 정리해보자.

- 다른 종류의 전하로 대전된 검전기에서 전하의 방전이 더딘 것으로 전하의 저장이 가능한 것으로 볼 수 있다.

관찰된 현상의 이해

6. 앞의 활동에서 보았던 결과는 어떤 방법으로 설명이 가능한 상황인지에 대하여 논의하여 적어보자.

- 서로 다른 종류로 대전된 금속판이 전하를 저장할 수 있는 장치로 사용될 수 있는 가능성을 본 것이다.

새로운 탐구

7. 앞에서 논의한 상황을 보다 확실하게 확인할 수 있는 실험에는 어떤 것이 있을까 논의하여 실험을 설계해보자.

- 검전기 사이에 전선과 꼬마전구를 연결하면, 꼬마전구에 불이 켜지면서 충전된 전하의 흐름을 확인할 수 있다.
- 전하의 충전과 방전을 확인할 수 있는 실험장치 고안

7-1. 실험과정을 정리해보자.

- 대전된 검전기의 금속봉 사이에 꼬마전구와 전선을 연결한다.
- **[또 다른 방법의 실험]**

① 건전지, 스위치, 전선, 전구, 금속판 2장을 준비한다.
② 준비된 재료로 회로를 연결하고 금속판 2장을 마주보게 설치한다.
③ 스위치는 회로에 병렬로 연결한다.
④ 스위치를 열고 닫을 때의 변화를 확인한다.

회로도(예시)

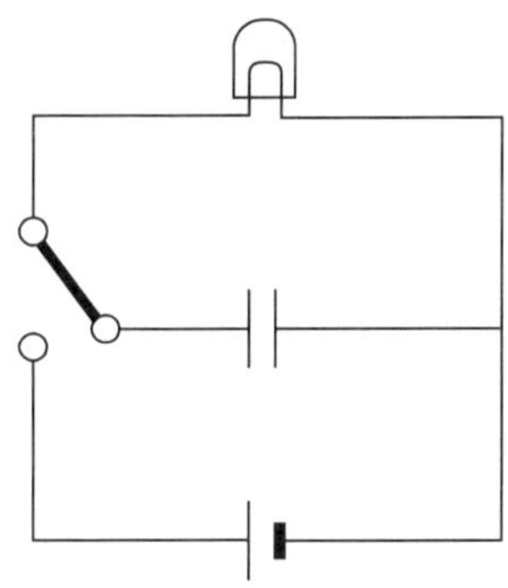

7-2. 실험결과를 정리해보자.

- 검전기의 금속봉에 꼬마전구와 전선을 연결하면 방전이 일어난다.
- 스위치를 닫을 때 충전이 일어나고, 충전된 전하는 스위치를 열 때 방전이 일어나 전류가 흐르는 것이 확인되는 것으로 보아 전하의 충전이 가능하다.

적 용

8. 지금까지 알아본 작용을 적용할 수 있는 사례들에는 어떤 것들이 있을까?

- 지금까지 확인한 실험내용은 이미 시중에 다양한 형태로 사용이 되고 있다. 그 예로 키보드와 축전기가 있다.

키보드를 누르면 평행판 사이의 간격이 좁아져서 전기용량이 커지게 되어 전하들이 축전기 쪽으로 이동하면서 전류가 흐르게 된다. 이 전류를 마이크로프로세서가 감지해서 자판에 표시된 글자를 입력하게 된다.

08 흔적을 찾아서

수업모델 **유사세런디퍼티형 – 도움중지**

과학자들은 연구과정에서 발생한 문제를 해결하기 위해 문제에 대한 모든 요소와 구체적인 방안을 생각하게 된다. 문제상황을 이해하고 그것을 분석하여 전체적으로 인지함으로써 주어진 문제상황을 해결하기 위한 행동과 결부시켜 재구성 또는 재구조화한다. 이 과정에서 과학자는 상황을 구성하는 요소 간의 관계를 파악하는 문제해결에 대한 통찰력을 얻게 된다. 이 수업은 도움중지에 해당하는 과정으로 학생 스스로 부분에 대한 이해를 통해 전체를 파악할 수 있는 통찰을 경험하도록 구성하였다. 이를 통해 내부에서 일어나는 번뜩임과 외부에서 찾아오는 세렌디퍼티의 유사성을 인식시키고자 한다. 유사세렌디퍼티형의 연구과정에서 내적 의식화 과정이 빠져있다.

『유사세런디퍼티형의 수업과정』

탐색 → 우연한 관찰 → 관찰된 현상의 이해 → 새로운 탐구 → 적용 → 내적 의식화

수업개요

비범하고 위대한 과학적 발견이나 발명은 천재적 능력이나 우연한 행운의 결과가 결코 아니었다. 문제의 본질을 파악하고 약점을 강점으로 바꿔 상황을 역전시키는 통찰과 본능적이고 순간적인 직관적 판단의 합작품인 것이다. 이와 같은 사고의 도구를 학생들이 경험할 수 있도록 다양한 기회를 제공하는 것이 이 수업의 목적이다. 본 수업에서는 모스부호를 이용한 통신과정 속에서 나타나는 고유한 개인의 필적을 찾아보고, 도형 패턴 문제를 통하여 전체와 부분의 통일성과 관련성을 알아보도록 하였다. 또한 모래더미가 허물어져 내리는 것을 관찰하며 규칙성을 찾고 설명해 봄으로써 일상 속에 내재되어 있는 세렌디퍼티를 경험하도록 하였다. 이 수업은 주변에서 일어나는 친근하고 일상적인 현상을 풍부한 지식과 경험을 바탕으로 통찰하고 문제의 본질을 재해석하고 재구성함으로써 새로운 발견으로 연결하는 과학자의 연구과정을 가시화하고자 한다.

수업안내

- 수업 대상 : 고등학생 이상
- 예상 소요시간 : 2시간
- 수업 준비물 : 투명한 빈병, 여러 종류의 공깃돌, 유리 구슬, 모래

학습목표

1. 패턴을 이루고 있는 여러 가지 현상을 관찰하고 이와 관련된 통찰적 사고를 할 수 있다.
2. 통찰과 세렌디퍼티의 유사성을 통해 과학자의 연구형태와 사고과정을 학습한다.

탐 색

관찰한 현상이나 궁금한 내용을 적어보도록 유도한다.

1. 복도를 오가는 사람들의 발자국 소리를 듣고 분류해본 경험이 있는 사람은 발자국 소리만 들어도 누구인지 쉽게 알아맞힐 수 있는 까닭은 무엇일까?

- 같은 복도를 걷는 사람의 발자국 소리는 어떤 신발을 신었느냐, 즉 신발의 종류에 따라 다르게 들릴 수 있지만, 그 사람만의 고유한 걸음걸이 습관에 따라 바닥과 부딪치는 박자가 달라지기 때문이다.

일상생활 속의 현상들이 일정한 패턴을 찾을 수 있는 필적을 가지고 있음을 인식하게 한다.

2. 발자국 소리와 같이 자연스럽게 각 개인을 구별할 수 있는 현상에는 어떤 것들이 있을까?

- 글씨체, 대화법, 목소리, 습관들, 악기 연주, 그림 그리기 등

영화와 같이 학생들에게 친근한 소재를 통하여 관심을 이끌어 낸다.

우연한 관찰

모스부호 (Morse Code)

단점(短點, dot)과 단점의 세 배 길이의 장점(長點, dash)의 조합으로 문자를 표현하고, 문자와 기호 사이는 3단점 길이의 간격을 취하여 의사를 전달한다. 또한 영어의 경우 어(語)와 어(語) 사이는 7단점 길이의 간격을 두고, 국문(國文)의 경우 자(字)와 자(字) 사이는 5단점의 길이를 둔다.

3. 지금으로부터 160년부터 사용하기 시작한 모스부호는 통신 언어의 한 종류이다. 점, 선, 공간으로 글자, 숫자, 구두점을 표기하게 되어있고, 전류를 내보내거나 그와 비슷한 기계 신호 혹은 번쩍이는 불빛 같은 시각적 신호로 부호의 길이를 변화시켜 의사전달을 한다. 영화에서는 모스부호를 통한 통신 장면을 자주 보게 된다.

[벼랑 위의 포뇨]

[이글아이]

[렛미인]

3-1. "···−−−−···"(Save Our Ship: 단단단쯔쯔쯔단단단)는 위급한 상황에서 구조를 원하는 SOS의 모스부호이다. 다양한 방법을 이용하여 각자 SOS를 보내보자.

3-2. 다음 코드표를 보고 사랑을 고백하는 메시지를 만들고 신호를 보내보자. (예 I love you)

●●	●▬●●	▬▬▬	●●●▬	●	▬●▬▬	▬▬▬	●●▬
I	L	O	V	E	Y	O	U

3-3. 모둠원의 신호와 나의 신호를 비교했을 때 어떤 차이점을 알 수 있는가?

- 어느 누구도 정해진 길이를 완벽하게 반복하는 사람은 없다. 공백을 달리하거나 단점과 장점을 길게 늘어 빼거나 단점과 장점과 공백을 특유의 리듬으로 배합한다. 사람이 같은 내용의 말을 해도 다른 화법을 사용하는 것과 같다.

Morse Code Alphabet

The International morse code characters:

A ·−	N −·	0 −−−−−
B −···	O −−−	1 ·−−−−
C −·−·	P ·−−·	2 ··−−−
D −··	Q −−·−	3 ···−−
E ·	R ·−·	4 ····−
F ··−·	S ···	5 ·····
G −−·	T −	6 −····
H ····	U ··−	7 −−···
I ··	V ···−	8 −−−··
J ·−−−	W ·−−	9 −−−−·
K −·−	X −··−	Fullstop ·−·−·−
L ·−··	Y −·−−	Comma −−··−−
M −−	Z −−··	Query ··−−··

자음

ㄱ ·−··	ㄴ ··−·	ㄷ −···
ㄹ ···−	ㅁ −−	ㅂ ·−−
ㅅ −−·	ㅇ −·−	ㅈ ·−−·
ㅊ −·−·	ㅋ −··−	ㅌ −−··
ㅍ −−−	ㅎ ·−−−	

모음

ㅏ ·	ㅛ −·	ㅐ −−·−
ㅑ ··	ㅜ ····	ㅔ −·−−
ㅓ −	ㅠ ·−·	ㅖ −·−−
ㅕ ···	ㅡ −··	ㅒ −−·−
ㅗ ·−	ㅣ ··−	

특수문자

/ −··−·	= −···−
? ··−−··	+ ·−·−·

관찰된 현상의 이해

4. 다음은 제 2차 세계 대전 중 독일군의 모스부호 통신을 감청하여 전황을 파악했던 이야기이다.

> 영국군은 수천 명의 도청잡이(interceptor)를 통하여 독일군 사단들의 무선 방송 주파수를 밤낮없이 들었다. 전쟁이 시작된 초기에는 무슨 말인지 파악할 수 없었다. 그러나 오래지 않아 도청잡이들은 송신 전파의 리듬만 듣고도 독일 오퍼레이터 특유의 '필적'을 포착하게 되었다. 바로 '누가 메시지를 보내는가'를 알게 된 것이다. 이로써 영국의 도청잡이들은 독일군 전신수(operater)들이 유럽 어디에 있든 쫓아다닐 수 있게 되었고 이것은 전투 명령 작성에 매우 귀중한 정보가 되었다. 야전에서 나온 개별 군대가 무얼하고 있는지, 위치는 어디인지에 대한 일종의 도표를 얻게 된 것이다.
>
> 〈출처 : 첫 2초의 힘 블링크〉

도청잡이들이 독일군의 전술(戰術)과 전장(戰場)의 상황을 알아낼 수 있었던 까닭은 무엇일까?

- 독일 전신수(operater)는 모스부호를 정해진 길이대로 송수신하였다. 일부러 독특한 소리를 내려고 애쓰지는 않았지만 모스 부호 기계의 키를 두드리는 과정에서 개성의 일부가 자동적으로, 무의식적으로 드러난 것이다. 아주 작은 샘플에서도 자기 자신을 들어내는 필적을 남겼기 때문이고 도청잡이들은 이들의 패턴을 파악하여 구분하게 되었다.

새로운 탐구

5. 사람마다 고유한 필적(fist)을 알 수 있는 것과 같이 조각난 흔적을 하나로 통합하고 숨어있는 재모습을 인식하면 문제에 대한 재해석이 쉬워진다. 다음 그림을 통해 반복되는 규칙을 찾아보자.

나치 반대파 독일인들은 베토벤의 5번 교향곡 '운명'을 몰래 방송으로 내보냈고 연합군은 세 번 짧고 한 번 긴 이 박자(단단단다~)가 모스부호 "V"와 같아 승리(Victory)의 상징으로 썼다고 한다.

과학자는 사물과 현상을 관찰하고 그 속에서 규칙성을 찾아 인식하는 사고과정을 하게 됨을 인식하게 한다.

수학의 패턴, 미술이나 음악의 패턴 구성 등 다양한 영역에서 패턴이 이용되고 있음을 인식할 수 있도록 안내한다.

5-1. 왼쪽 그림의 빈 칸에 들어갈 알맞은 형식을 오른쪽 그림에서 찾아보자.

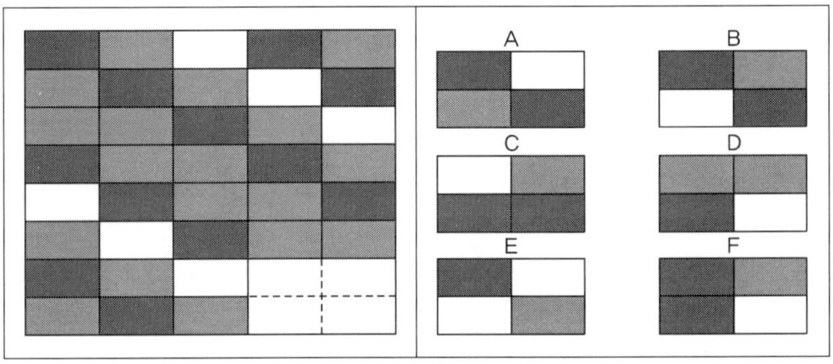

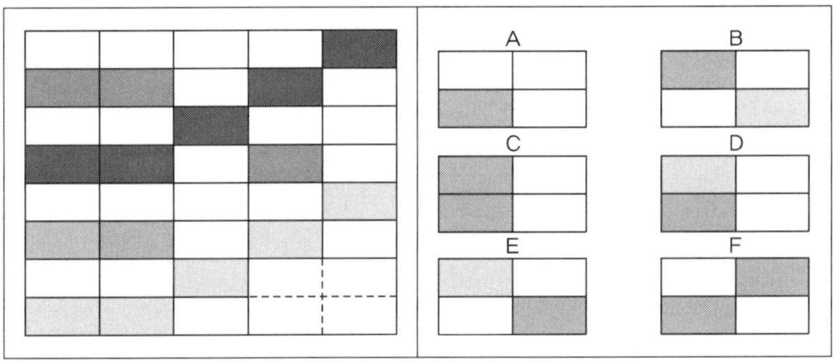

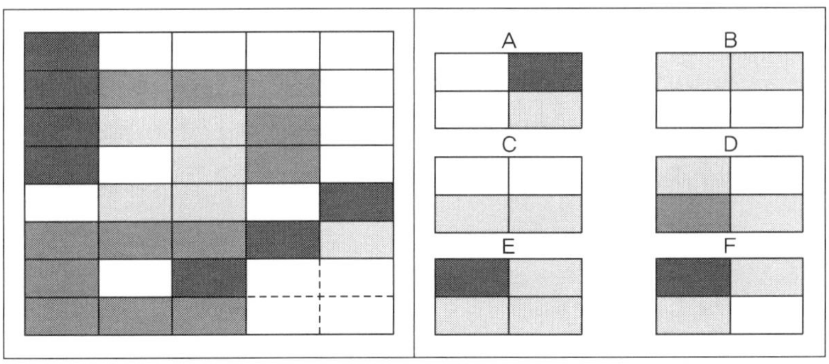

5-2. 36개의 작은 칸을 채우고 있는 도형들 사이에서 찾을 수 있는 규칙은 무엇인가?

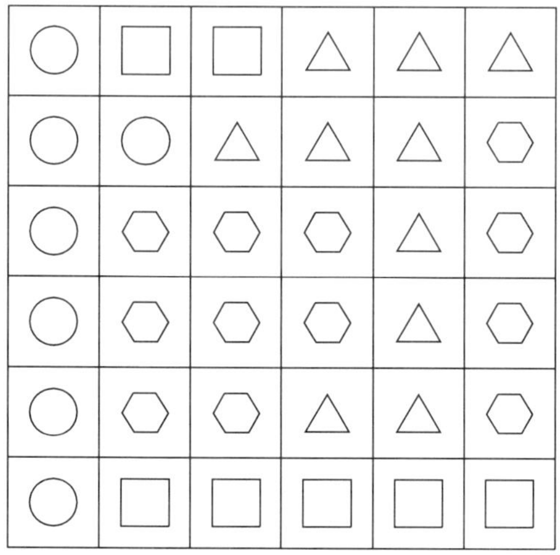

학생 개인이 일상생활 속에서 통찰을 통해 발견한 것을 발표해 보도록 격려한다.

과학자들은 통찰을 통해 발견한 것을 모델로 만들어 설명하고 다른 현상에 적용함으로써 모델을 일반화하여 법칙과 이론을 만들어 나감을 설명하여 과학자의 연구과정에 대한 안내를 한다.

6. 일상 속에서 접하게 되는 현상들 중에는 여러 가지 원리들이 숨어있다. 이것들을 캐내어 새로운 발견으로 엮어나가는 과정에서 과학자들은 '통찰'이라는 하나의 '생각의 도구'를 사용한다. 지금까지의 활동과 과학자들의 사고과정을 연관지어 통찰을 이끌어 낼 수 있는 방법에 대하여 논의해보자.

- 고정관념에서 벗어나 새로운 관점으로 문제를 재해석하고 재구성하는 것은 새로운 발견의 원리를 찾아가는 방법 중 하나가 될 수 있다. 또한 지식과 경험을 바탕으로 문제의 본질에 충분한 주의를 기울이고, 열정과 끈질긴 노력으로 통찰을 이끌어내는 과학자의 자세를 배우는 것이 필요하다.

적 용

모래를 대신하여 소금, 쌀알갱이 등을 이용할 수 있으며 공깃돌 대신 초코볼이나 유리 구슬 등을 이용할 수 있다.

7. 투명한 빈병(플라스틱 음료수병)에 크기와 모양이 다른 공깃돌과 유리 구슬을 넣고 그 위에 모래를 병의 1/2 이상을 담는다.

7-1. 뚜껑을 덮고 힘차게 병을 흔들면 공깃돌과 유리 구슬은 어떻게 될까 예상해보자.

- 가벼운 공깃돌은 병의 바닥으로 이동하고 무거운 공깃돌은 위쪽으로 솟아오른다.

7-2. 병을 흔들어 공깃돌과 유리 구슬 및 모래 알갱이의 움직임을 관찰해보자.

- 시간이 흐를수록 병의 밑바닥에 있던 공깃돌과 유리 구슬은 위로 올라온다. 모래는 병의 바닥에서부터 알갱이의 크기에 따라 분리된다.

7-3. 물이 가득 찬 패트병에 스티로폼 공과 유리 구슬을 넣으면 바닥으로 가라앉는 것은 무엇일까?

- 유리 구슬

7-4. 모래가 가득 찬 병에 스티로폼 공과 유리 구슬을 넣고 흔들면 가라앉는 것은 무엇일까 예상해보자.

7-5. 스티로폼 공과 유리 구슬을 모래병 속에 넣고 병을 흔들며 스티포폼 공과 유리 구슬의 움직임을 관찰해보자.

- 가벼운 스티로폼은 위로, 유리 구슬은 아래로 내려간다.

8. 위와 같은 현상이 나타나는 까닭은 무엇일까? 이유를 설명해보자.

- 병을 흔들면 알갱이들이 위아래로 움직여 뒤섞이는 일종의 대류(convection)가 일어난다. 용기 벽 주변에는 알갱이들이 질서정연하게 배열되어 좁은 띠와 같은 것이 만들어지고 계속 가라앉고 상대적으로 용기 벽에서 먼 곳에서는 알갱이들이 위로 올라가게 된다는 것이다. 이때 크기가 큰 알갱이는 용기 벽 주위에

형성된 가라앉는 좁은 띠에 비해서 너무 크기 때문에 가라앉지 못하고 떠받들어지게 되어 위쪽에 있게 된다. 또한 큰 알갱이들이 만든 틈 사이로 작은 알갱이들이 빠져나가는 것으로 설명할 수도 있다.

한편 크기가 같고 질량이 다른, 즉 밀도가 다른 알갱이들 사이에서는 무거운 것은 관성이 커서 흔들 때마다 조금씩 들려지게 되고 이때 가루들이 큰 알갱이 밑으로 들어갈 수 있게 되기 때문이라고 설명하기도 한다. 하지만 아직 가벼운 것이 아래로 내려가는 이유를 설명하지는 못하고 있다.

우리는 모든 것이 복잡하게 얽혀 있는 상황을 도처에서 만나게 되고 개별적인 사건을 정확하게 예측하기는 불가능하다. 하지만 본질적인 요소만 찾으면 전체적인 행동양태를 간단하게 알아낼 수 있을 것이다. 과학자들은 통찰을 통해 복잡성과 인과관계를 파악하고 이것이 인류의 역사에도 적용할 수 있는 모델을 만든다.

9. 위의 실험에서 나타난 결과와 연관되는 일상생활 속 경험을 찾아보자.

- 모래 장난을 하는 어린이들을 살펴보면 거름망 구조를 가진 채를 사용하여 돌 알갱이를 골라낸다. 마찬가지로 공사 현장에서는 자갈과 고운 시멘트를 고른다.
- 커피나 분유의 가루 위에 크기가 큰 알갱이들이 떠오른다.
- 크기가 다른 곡물이 혼합된 시리얼을 흔들면 알갱이의 크기에 따라 배열된다.

10. 실험과 같은 현상에 대한 해석과 설명은 어떤 분야에 활용될 수 있을까?

- 균일한 알갱이의 혼합이 필요한 의약품 및 식품 제조, 곡물, 전자 재료, 유리 제조 등의 산업분야에 이용될 수 있다.

참고자료

브라질 땅콩효과 (Brazil nut effect)

서양에서는 땅콩과 캐슈넛 등의 다양한 크기의 견과류를 한데 섞어놓은 땅콩 믹스 캔을 판매한다. 처음에 제조할 때는 견과류를 잘 섞어서 골고루 분배되도록 만드는데, 막상 소비자들이 사서 뚜껑을 열면, 크기별로 분리가 되어 차곡차곡 쌓여있는 것을 볼 수 있고 가장 큰 브라질 땅콩이 항상 맨 위에 올라와 있다는 데서 붙여진 이름이다.

[흔들기 전과 흔들고 난 후]

09 온도에 따른 효소의 반응 속도

수업모델 **유사세런디피티형 – 도움중지**

이 수업은 과학자의 연구형태 중 유사세런디피티형으로 진행된다. 온도에 따른 효소의 반응 속도에 관한 실험을 하고 결과를 분석하는 과정에서 효소의 최적 활성 온도가 우리가 흔히 알고 있는 30 ~ 40°C에만 국한되어 있는 것이 아니라 100°C 근처에서도 활성을 보이는 효소가 존재한다는 사실을 발견하도록 구성하여 과학자의 연구과정과 일상에서의 우연한 발견을 경험하게 된다. 유사세런디피티형의 연구과정에서 본 모듈은 내적 의식화 과정이 빠져있다.

『유사세런디피티형의 수업과정』

탐색 → 우연한 관찰 → 관찰된 현상의 이해 → 새로운 탐구 → 적용 → 내적 의식화

수업개요

온도는 효소의 반응 속도에 영향을 미치는 요인 중의 하나로 30 ~ 40°C에서 효소의 활성이 최대가 되며, 이때를 최적온도라고 한다. 40°C 이상의 온도에서는 반응 속도가 급격히 감소하게 되는데, 그 이유는 효소의 주성분인 단백질의 입체 구조가 변하여(변성) 효소의 기능이 상실되기 때문이다. 이 수업에서는 Bacillus licheniformis가 생산·분비하는 α-amylase를 사용하여 온도와 효소의 반응 속도의 관계를 알아보는 실험을 할 것이다. 실험결과 분석 시 학생들이 예상했던 것과는 달리 15°C, 35°C뿐만 아니라 100°C에서도 α-amylase의 효소활성이 유지되어 녹말이 분해된 결과를 접하게 되고, 효소의 최적 활성 온도 범위가 30 ~ 40°C에만 국한되지 않고 높은 온도에서도 활성이 유지되는 효소가 존재한다는 사실을 우연히 알게 되는 것이다. 이로써 실험을 하는 동안 기대하지 않았던 결과를 얻어내어 해석하는 과정이 과학자의 새로운 발견과 같은 과정임을 경험하게 되며, 이와 같이 넓은 활성 온도 범위를 가지는 효소의 성질을 응용한 생명공학 분야에 대해 찾아보도록 한다.

수업안내

- 수업 대상 : 중학생 이상
- 예상 소요시간 : 3시간
- 수업 준비물 : α-amylase, 녹말 용액, 아이오딘-아이오딘화칼륨 용액, 시험관, 온도계, 기타 본문 참조

학습목표

1. 온도 변화에 따른 효소의 반응 속도 변화를 이해할 수 있다.
2. 온도에 따른 효소의 반응 속도 관찰 실험을 통하여 과학자의 연구형태와 사고과정을 익힌다.

탐 색

1. 다음은 우리가 생활하면서 접하게 되는 현상들이다.

- 음식물을 상하지 않게 하기 위해 끓이거나 냉장고에 넣어둔다.
- 독감에 걸려 40°C 이상의 고열이 나면 우리 몸은 위험해진다.

음식물이 상하는 것은 세균이 갖는 효소의 작용 때문이라고 볼 수 있다. 음식물을 저장하는 방법 중에 냉장하는 것과 끓이는 것을 효소의 성질과 관련지어 설명해보도록 유도한다.

1-1. 위의 내용은 우리 생활과 밀접한 효소의 작용이 어떤 요인에 의해 영향을 받는다는 것을 말해주는가?

- 온도

음식물을 끓이거나 냉장 보관하는 것
고온에서 효소를 변성시키거나 저온에서 효소활성을 낮추기 위한 것이다.

1-2. 이외에 또 어떤 요인이 효소의 작용에 영향을 주는가?

- 기질의 농도, pH

2. 다음은 무기 촉매의 온도에 따른 반응 속도를 나타낸 그래프이다.

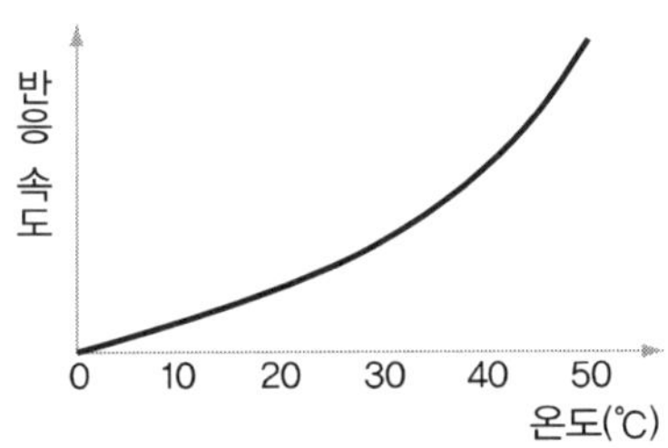

2-1. 무기 촉매의 온도에 따른 반응 속도의 변화는 어떠한가?

- 온도가 높을수록 반응 속도가 계속 증가한다.

무기 촉매는 이산화망가니즈, 철가루 등과 같은 무기 물질이다.

2-2. 온도와 생체 촉매인 효소의 온도와 반응 속도와의 관계 그래프를 개략적으로 그려보자.

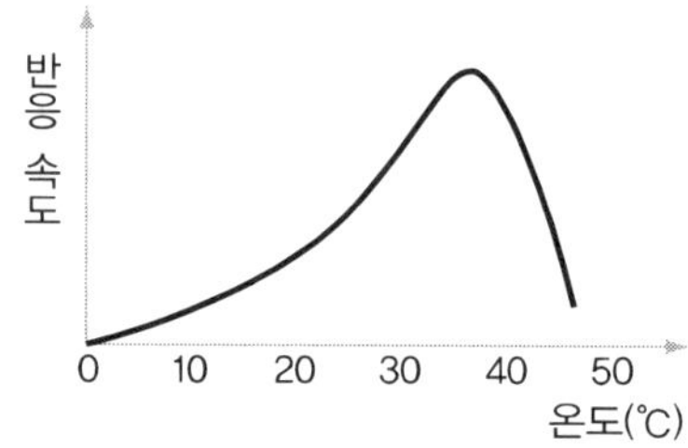

2-3. 효소의 온도에 따른 반응 속도의 변화는 어떠한가?

온도가 증가함에 따라 반응 속도가 증가하는 이유는 열에 의해 기질과 효소 분자의 운동이 증가하여 서로 충돌할 수 있는 기회가 늘어나기 때문이다.

- 0 ~ 30°C 사이에서는 온도가 상승함에 따라 효소의 반응 속도가 증가하다가, 30 ~ 40°C 사이에서 반응 속도가 가장 빠르고, 40°C 이상에서는 반응 속도가 급격히 떨어진다.

2-4. 효소의 활성이 최대가 되는 온도는 몇 °C인가?

- 30 ~ 40°C 사이

'계란 흰자를 가열하여 희게 만든 다음 식히면 가열하기 전 상태로 되돌아갈까?'라는 질문을 통해 단백질 변성의 개념을 이해시킨다.

2-5. 40°C 이상의 온도에서 반응 속도가 급격히 감소하는 이유는 무엇인가?

- 효소의 주성분인 단백질의 입체 구조가 변하여(변성) 효소의 기능이 상실되기 때문이다.

40°C 이상에서는 효소의 변성으로 효소-기질 복합체를 형성할 수 없게 된다. → 촉매 기능 상실

우연한 관찰

효소 용액은 증류수 10mL에 정제된 α-amylase 10nμL를 넣어 만든다.

3. 온도가 효소의 작용에 미치는 영향을 다음 실험을 통해 알아보자.

[실험재료]

비커의 물은 알코올램프를 켰다 껐다 하면서 온도를 유지한다. 항온 수조가 있을 경우에는 이를 이용하면 훨씬 편리하다.

α-amylase, 녹말 용액, 아이오딘-아이오딘화칼륨 용액, 시험관, 온도계, 비커, 얼음, 물, 알코올램프, 슬라이드 글라스, 스포이트, 흰 종이

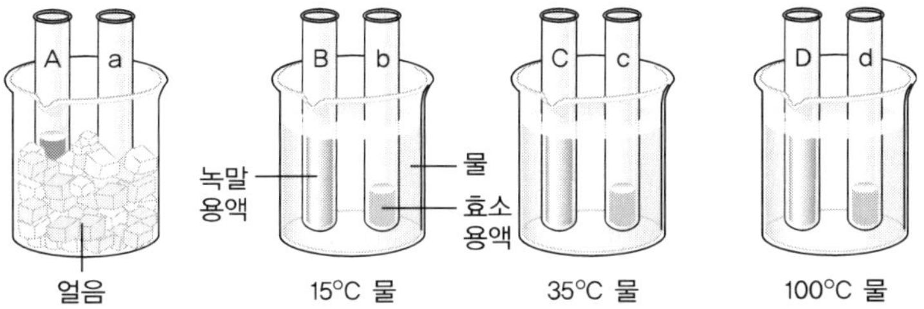

⊙ 알코올램프로 계속 가열할 경우에는 램프가 뜨거워져 화재의 위험이 있으므로 전열기를 쓰는 것이 좋다.

[실험과정]

① 1% 녹말 용액 2mL와 효소용액 1mL를 각각 5개의 시험관에 넣는다.

② 하나의 비커에는 얼음을 담고, 3개의 비커에는 물을 100mL씩 담은 후 그림과 같이 온도를 15°C, 35°C, 100°C로 유지한다.

③ 각 비커에 녹말 용액을 넣은 시험관(A, B, C, D)과 효소 용액을 넣은 시험관(a, b, c, d)을 각각 하나씩 4개의 비커에 넣고 5분 정도 지나면, 효소 용액을 같은 비커에 있는 녹말 용액이 든 시험관에 부어 섞는다.

④ 용액을 섞은 직후 각 시험관의 용액을 슬라이드 글라스에 한 방울씩 놓고, 아이오딘-아이오딘화칼륨 용액을 떨어뜨려 색을 관찰한다.

⑤ 5분 간격으로 과정 ④와 같이 아이오딘 반응을 시켜 나타나는 색을 기록한다.

시간 / 온도	0분	5분	10분	15분	20분
0°C					
15°C					
35°C					
100°C					

3-1. α-amylase의 작용을 설명해보자.

- 녹말을 분해하여 엿당을 생성한다.

3-2. 효소 용액을 녹말 용액과 함께 미리 비커에 넣어 두었다가 녹말 용액과 섞는 이유는 무엇인가?

- 효소 용액과 녹말 용액 모두 그것이 들어있는 비커의 물의 온도와 같게 하기 위해서

실험에 사용한 효소는 Bacillus licheniformis가 생산·분비하는 내열성 α-amylase로 활성 온도의 범위가 넓다.
→ 100°C 근처에서도 활성이 높다.

3-3. 실험결과 α-amylase는 어떤 온도에서 활발하게 작용하는가?

- 0°C를 제외한 15°C, 35°C, 100°C에서 모두 활발하게 작용한다.

관찰된 현상의 이해

4. 앞에서 논의했던 온도 변화에 따른 효소의 활성과 이 실험결과를 비교해보자. 예상했던 실험결과를 얻었는가? 만약 그렇지 않다면 어떤 이유로 그러한 결과가 나왔을지 생각해보자.

- 예상했던 실험결과를 얻지 못했다. 앞에서 논의했던 대로 일반적인 생체 촉매인 효소의 활성 온도 범위는 30～40°C 사이지만, 이 실험에서 사용한 α-amylase는 훨씬 활성 범위가 넓게 나타나고 있다. 즉, 15°C～100°C에 이르기까지 활성을 나타내고 있다.

새로운 탐색

5. 다음에 주어진 자료를 읽고 우리가 실험을 통해 발견한 사실에 근거하여 생각해보자.

> 유리도 순식간에 녹는 온도인 400°C에서 생물이 살 수 있을까? 2006년 12월 11일, 국제 해양 생물 개체수 연구팀은 대서양 해저 3.2km 지점에 있는 뜨거운 열수구에 새우가 살고 있다고 발표했다. 펄펄 끓는 물에서도 살아남는 그야말로 '독한' 새우다. 하지만 이 새우 말고도 '독한' 생물이 또 있다. 눈에 보이지도 않는 작은 생물인 초고온성 미생물(Hyperthermophile)이 바로 그 주인공이다.
>
> 초고온성 미생물은 최소 80°C가 넘는 곳에서 사는 미생물을 말한다. 이 생물은 1980년대 해저 화산 분출구 지역에서 독일의 스테터 박사에 의해 최초로 발견된 뒤로 현재까지 수십 종이 발견됐다. 파이롤로부스 퓨마리(Pyrolobus fumarii), 써모토가 네아폴리타나(Thermotoga neapolitana), 써모토가 써마룸(Thermotoga thermarum)이 대표적인 초고온성 미생물이다. 이들은 100°C가 넘어 김이 모락모락 피어나는 온천, 400°C가 넘는 열수구 근처 등 일반 생물이라면 살아가기 힘든 극한 환경에도 꿋꿋이 살고 있다. 이들은 고온의 환경에서 어떻게 살 수 있을까?
>
> 뜨거운 곳을 이겨내며 살고 있는 초고온성 미생물이 그야말로 '뜨거운 잠재력'을 가지고 있는 셈이다. 이러한 초고온성 미생물이외에도 아주 추운 곳, 산소가 거의 없는 곳 등 각종 극한 환경에서 살고 있는 미생물이 많다. 이들도 분명 자신이 살고 있는 극한 환경을 극복하기 위한 나름의 노하우를 분명 가지고 있을 것이다. 이들의 숨은 잠재력을 밝혀내는 앞으로의 연구가 주목된다.
>
> 〈글 : 김맑아 과학전문기자〉

5-1. 400°C가 넘는 극한 환경에 사는 생물이 가지고 있는 효소의 활성 온도 범위는 어떠할까?

- 아주 뜨거운 온도에서도 효소 활성이 유지된다.

5-2. 이러한 초고온성 미생물은 산업적 응용 가치가 아주 높은데 그 이유가 무엇일지 생각해보자.

PCR 과정에 관한 시각 자료를 함께 제공하며 학생의 이해를 돕는다.

• 초고온성 미생물은 높은 온도에서도 생화학적 반응을 할 수 있기 때문에 산업적 응용 가치가 아주 높다.

적 용

6. 대표적인 것이 써머스 아쿠아티커스(Thermus aquatics)라는 초고온성 미생물에서 뽑아낸 '내열성 DNA 중합 효소'다. 이것을 이용하는 생명공학 기술의 예를 들어보자.

Polymerase Chain Reaction (PCR)

PCR은 DNA의 양쪽가닥을 주형으로 하여 동시에 primer extension을 일으킴으로써 primer annealing site 사이의 특정 염기 서열을 증폭하는 방법으로, Cetus사의 Mullis에 의하여 개발되었습니다. 초기에는 polymerase로서 Klenow fragment를 이용하였으나 이 효소는 열에 약하기 때문에 매 cycle마다 새로 첨가해야 하는 문제점이 있었다. 그러나 Thermus aquaticus와 같이 고온에서 번식하는 세균의 DNA polymerase를 이용하게 되면서 반응의 specificity 및 효율이 크게 향상되어, PCR은 현대 분자생물학 연구에서 가장 중요한 기술의 하나로 자리매김하게 되었다.

PCR에는 4가지의 deoxyribonucleotide(dNTP), 2가지의 primer, polymerase, template DNA, 그리고 Mg^{2+}이 들어있는 reaction buffer가 필요하다. 우선 95°C에서 template를 denature시킨 다음 온도를 낮추어 template DNA와 primer 간에 annealing이 일어나게 한다. Annealing temperature는 primer의 길이와 염기의 조성에 따라 다르다. Annealing 다음에는 Taq polymerase의 최적 활성 온도인 72°C에서 DNA 합성을 일어나게 한다. 이상의 cycle을 20번 반복하면 양 primer 사이의 DNA fragment의 수가 기하 급수적으로 증가하여 2의 20제곱(1,048,576)배로 늘어나게 된다. PCR에 의한 DNA 절편의 증폭과정은 다음과 같은 3가지 단계의 반복으로 이루어진다.

1) DNA의 변성 (denaturation)

90～96°C로 가열하여 double strand DNA(ds DNA)를 single strand DNA(ssDNA)로 분리시킨다. 높은 온도일수록 ssDNA로 잘 이행되지만

Taq DNA polymerase도 온도가 아주 높은 상태에서는 활성이 낮아질 수 있으므로 보통 95°C로 한다. 첫 cycle에서는 확실한 변성을 위하여 약 5분간 지속시킨다.

2) Primer의 결합(annealing)

50～65°C에서 되는데, 염기간의 결합은 G와 C는 세 군데에서 수소결합이 일어나고, A와 T는 두 군데에서 결합이 일어나므로 G+C 비율에 따라 결합 온도에 변화를 주는 것이 좋다. 사실 primer를 만드는 것도 이 annealing temperature를 고려하여 합성해야 한다. 일반적으로 GC content가 50%가 되는 primer 쌍을 이용하는 것이 바람직하다.

3) DNA의 합성(polymerization)

70～74°C에서 시행하며 원하는 PCR 산물의 크기가 크거나 반응 요소의 농도가 낮을 때에는 시간을 연장시킬 수도 있다. Taq polymerase는 보통 1분에 2,000～4,000 nucleotides를 합성할 수 있으므로 원하는 PCR 산물의 크기 1kb마다 1분 정도의 시간을 배당하면 충분히 반응이 일어난다. 마지막 cycle에는 약 10분 정도 시간을 충분히 주는 것이 좋다.

과학영재들을 위한

창의적 탐구활동 프로그램(II)

2011년 1월 15일 1판 1쇄 발행
2012년 7월 15일 1판 2쇄 발행

저 자 ◎ 강성주·김현주·이길재

발행자 ◎ 조 승 식

발행처 ◎ (주) 도서출판 북스힐
서울시 강북구 수유 2동 240-225

등 록 ◎ 제 22-457 호

TEL (02) 994-0071(代)

FAX (02) 994-0073

E-MAIL bookswin@unitel.co.kr
www.bookshill.com

값 15,000 원

잘못된 책은 교환해 드립니다.

ISBN 978-89-5526-716-7